住宅営業　急所プロテクニック

―知恵と工夫集―

住宅営業コンサルタント
森　雅樹

日本教育研究センター

はじめに

「毎月1棟の受注を目指そう！」

このスローガンが叫ばれていたのも今は昔。毎月1棟を受注できる営業マンにお目にかかることは滅多になくなってしまいました。一部には年間15〜18棟を受注する営業マンがいますが、現実的には8〜10棟をこなせれば遜色ない成績といえるでしょう。

本書は最低でも8棟を売る営業マンになれるポイントを網羅しています。展示場・現場見学会における初回面談のコツをはじめ、土地無対応、追客、紹介など、ありとあらゆる営業場面を想定しているのと同時に、子育て住宅、健康住宅などのテーマ性のある事柄にもページを割いています。

さらには、紹介の多い工務店の徹底取材、入社3カ月で12棟を売った現役の店長へのインタビューに加えて、住宅営業マンをフォローしてくれる仕組みを持っているガス会社、建材会社の取材までもしてきました。

これまで20冊の本を書いてきましたが、現場取材にこれだけ力を入れたのは初めてです。私の頭に整理されている営業ノウハウに加えて、生の事例もたっぷりと凝縮してありますので、丹念に読み込んで活用してください。

〈目次〉

第一章　展示場・現場見学会での営業トーク

第四章　「子育て住宅」「主婦が喜ぶ住宅」「健康住宅」販売の急所

第五章　まとめ：他業種とタイアップして受注増大を

第一章　展示場・現場見学会での営業トーク

急所1　初対面の名刺交換で子供の心をしっかりつかむ

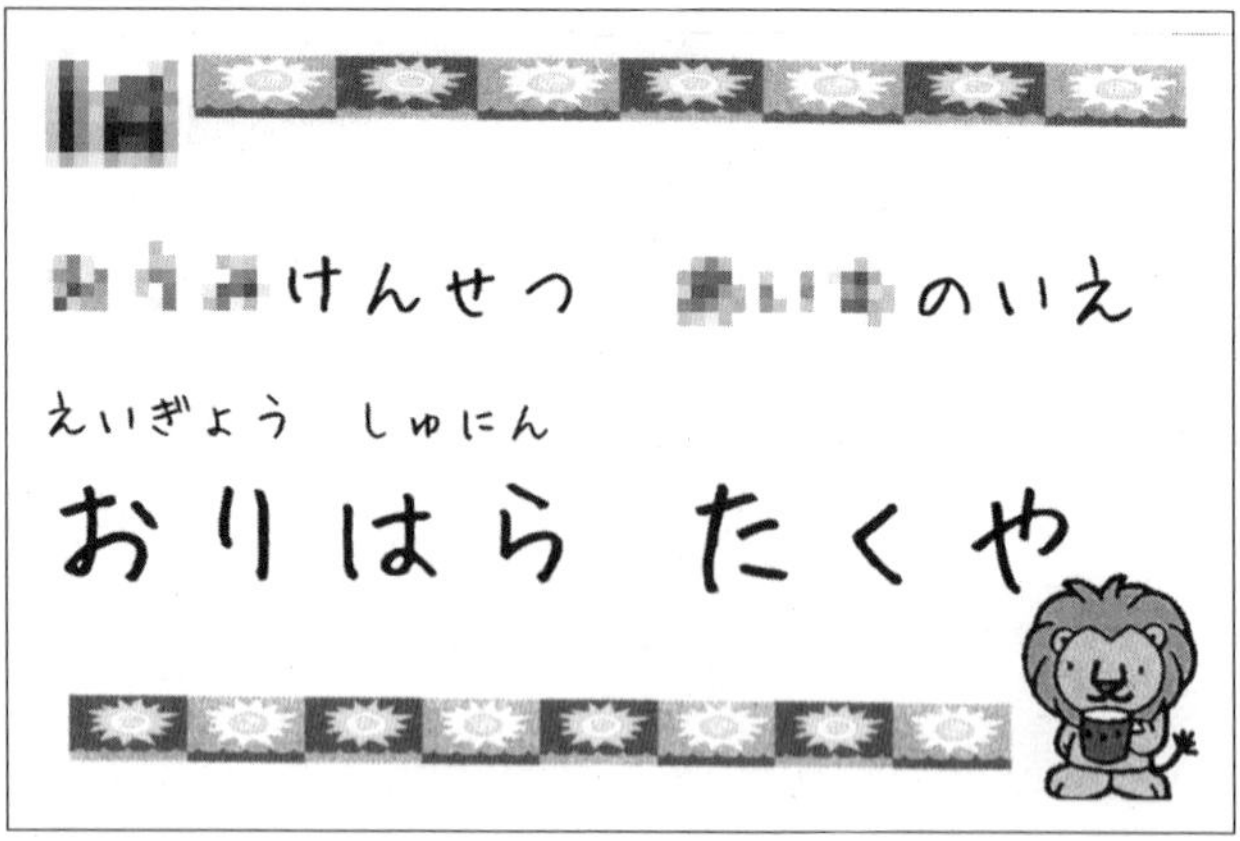

どんなお客様であっても、最初はすべてが初対面。「第一印象は重要」というのはだれしもが知っていることですが、子供連れのお客さんに対して実行してほしいことが一つあります。

こんな子供専用の名刺（写真）を作成してみてはどうでしょう。

何とも思わなければ、認識が低いと言わざるを得ません。子供というのは、折衝の支障になる可能性もあるので、できるだけ味方につけたい存在です。

これは、子供の自身の関心を得ると言う意味もありますが、親に対するアピールにもなることを覚えておいてください。住宅業者決定の理由の中に「子供が営業マンになついていた」というものがあるくらいですから。もちろんこれが大きな決定要因になることはありません。ただ、親の好感度を上げることには確実に貢献することを断言しましょう。経費もほとんどかかりません。手持ちのパソコンで作成すれば簡単にできるはずです。即、実行しましょう！

急所2　笑顔をバカにすることなかれ　心理学でも実証済み

初対面で好印象を与える武器の一つが「笑顔である」ことには異論はないでしょう。お客様は住宅業者、不動産業者に対してはある種の強い警戒感を抱いていると思ってください。

ある実例をご紹介しましょう。

山梨県での出来事です。私は毎月のようにデジタルビデオを片手に顧客取材を行っているのですが、山梨県の工務店に勤める住宅営業ウーマンの取材活動を行っていました。

非常に優秀な女性で、受注数も安定し顧客からの評判もよいとのこと。こんな彼女が1年前に受注したお客さんの自宅にお邪魔してビデオ取材を実施。90分くらいでしたがいろいろなお話を聞いてきました。

「彼女は非常に良くしてくれました」という当たり障りのない評価が大半を占めていましたが、「そんな彼女にあえて一言」という私の質問に、しばらく悩んだ後出てきた答えがこうでした。

◎初めて会ったときに笑顔がなかった
◎機嫌が悪いのかと思った（笑）

このような答えが返ってきたのです。皆さんはどう思われますか。「機嫌が悪いのかと思った（笑）」と冗談交じりに答えてもらいましたが、お客さんとしては最初に多少なりともいやな感じがしたわけです。

これは住宅営業マンにとって大きなマイナス。最初の面談がとても大事なのに、ここで印象を悪化させるのは大きな問題だといわざるを得ません。

「最初は…と感じたのですが、話を進めていくうちに良さがわかってきました」とお客様は話してくれました。たまたま、彼女はこのパターンで形勢逆転をしていく営業スタイルなのでしょう。

しかし、これは彼女の個性で成功したに過ぎません。自分自身ではわからないと思いますので、あなたの周囲の人に確認してみることが必要です。もし「お前はちょっと仏頂面だな」と言われたら即改善しましょう。

急所3　スムーズなアンケートの取得タイミング

現場見学会や展示場などの接客で必ず問題になることがあります。「アンケートはどのタイミングでお願いしたらよいのか？」という大昔からある大命題。あなたの意見はいかがでしょうか？

一般的なものは最初に取得するパターンです。取りっぱぐれはないし、接客する際にその内容を見ながらできるので有利に働くとも考えられます。しかしその反面、見学する前にいきなりアンケートを強要されることを嫌う方が増えているのも事実でしょう。

◎最初に依頼をする
◎見学後の感想を聞くアンケートも作る

これが私の答え。やはり最初に堂々と依頼すべきです。お客様の家を借りているわけですから問題ないと思います。また、見学後の感想を聞くアンケートも準備すべきでしょう。

見学前のアンケートは一般的なものですから、ここでは見学後のアンケートのポイントをまとめておきます。

◎建物外観の感想
◎建物インテリアの感想
◎夫婦それぞれの感想
◎メーターモジュールの場合は気に入ったかどうか
◎ガスコンロとＩＨ、どちらが気に入ったか
◎間取りに対する率直な感想

急所4　土地無対応の極意1……お客様は何を考えているのか？

住宅展示場、現場見学会に来場される方の70〜80％は土地も合わせて購入すると推測されます。この数字は現場で接客している皆さんの同意を得られるものと私は思っています。

さて、この項目で私がお伝えしたいアドバイスは「土地も一緒に探している方の心理状態」です。お客様は住宅会社にやってくるのですから、当然のことながら家を求めています。しかし、自分たちには土地がないので、家だけでなく土地も探さなくてはならないことも十二分に承知しています。

このような状況であなたが接客に入るわけですが、あなたとお客様の間には意識の大きなギャップがあることを覚えておきましょう。

とにかく、初回面談ではこのギャップを徹底的に埋めることが成功の第一歩となります。次に、このギャップについて詳しく解説していきますので、ぜひとも自分のものにしてください。

このギャップとは次の2つです。

◎土地は不動産会社で探すもの
◎住宅会社の土地情報は補助的なもの

この２つをしっかりと頭に入れましょう。理由は考える必要はありません。お客様はこのように考えるのですから。

もし、あなたの会社がしっかりとした不動産部門を併設しているのならばチャンスと考えましょう。「不動産部門がありますので、わが社の土地情報は分量も質も豊富です」という営業トークで攻めることができます。一般的に、土地は不動産会社の情報がもっともいいと考えるものです。

では、不動産部門をもたない会社はどう対応したらよいのでしょうか？

「私たち住宅会社は不動産会社にとってお客さんでもあります。ですから、一般には出ないような土地情報がスーッと入ってくることがよくあるのですよ」

こんなトークでいいのではないでしょうか。

あなたがしなくてはならない最低限の営業は、「掘り出し物が○○ホームから出るかもしれないな？」と思わせることです。

急所5　土地無対応の極意2……展示場の外から見えるように

総合展示場に出展していると仮定して、住宅展示場での接客についての考えを、書かせてもらいます。

総合展示場はたくさんの会社が出店していますので、まずは自社展示場に入ってもらわないと勝負ができません。

◎玄関を開放する

◎玄関ホールに土地情報を貼りだす

この2点を推奨します。玄関を開けっぱなしにするというのはいいでしょう。これについては、土地の有無は関係ありません。ただ、基本ということでおさらいしましょう。問題はその次。玄関ホールに土地情報を貼りだすとはどういうことか？　これは総合展示場を回遊する土地を持たないお客様が、外から見て「この会社には土地の情報があるかもしれないな」と思わせるためです。

どの住宅会社にも土地情報がありますが、それは私達の常識。一般のお客様にとっては《住宅会社＝土地情報》とならないのです。だから、目につくよう積極的にアピールしてください。

ただこれには異論を唱える方も多くいます。青森県のある総合展示場で同じことをアドバイスしたのですが、社長から「ぐちゃぐちゃ感があるね…」と却下。魅せる展示場を作りあげるのであればおっしゃるとおりです。

これは会社の方針によりますが、展示場の集客力が低下して困っているというのであれば、私のアドバイスを聞き入れるべきです。

また、これも前述の社長からはＮＧが出るはずですが、土地を持たないお客様相手の商売に徹するのであれば、部屋中に土地情報を貼りめぐらせてもいいと私は考えます。たしかに見た目には綺麗ではありません。住宅を売るべき住宅会社の展示場なのに、不動産会社の土地情報コーナーのようになってしまいますから。

最後ですがここまでやれば完璧でしょう。展示場の入り口の前に次のような文を貼りだしてください。「わが社ではあらゆる不動産会社から集めた最新土地情報がありますト」といった類の言葉でいいでしょう。これが目を引くのです。

急所6　土地無対応の極意3……北向きの土地は悪くない

「東南もしくは南に面している土地を希望します」

これは土地を探しているお客様の決まり文句。しかし、よく考えてください。このような形でお客様の要望をどんどん聞いていけば、希望に該当する土地を紹介するのは至難の業となるでしょう。

ですから、次ページのよう実際に勧める土地区画図（参考）を準備して、北側の土地であるからこそのメリットを訴えてください。ここでしっかりと説明ができれば、北接道の良い土地があれば自信を持ってお勧めすることがします。

現役営業マン時代から常々感じていたのですが、お客様の土地に対する要望を聞いていると、「そんなのは無理だよな…」と内心思っていました。ただ、お客様の要望なのでそのまま聞くわけです。

しかし、接客が終わって事務所に帰り、要望に沿う土地を探すわけですがそんなに都合よくは見つかりません。

つまり、自分で自分の首を絞めてしまったわけです。また、お客さんも同じだといえます。本来ならば入手できたであろう土地情報を遮断したわけですから。

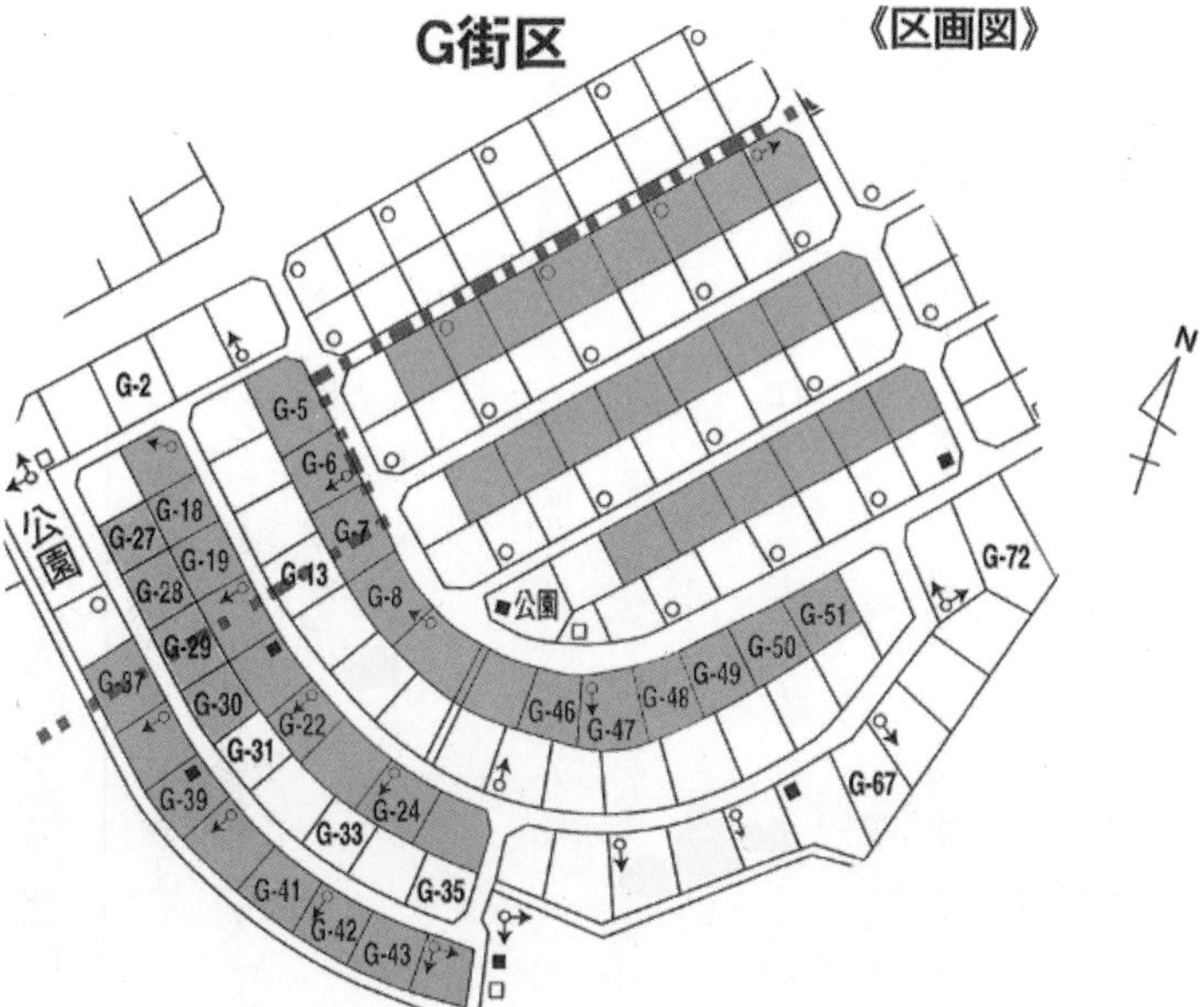

長野県住宅供給公社ホームページより

急所7　土地無対応の極意4……周辺情報の徹底調査がすべて

最後の急所はコレ。土地を買う人の気持ちになってみましょう。そうすれば、その答えは簡単に導き出せます。もしあなたが自分の土地を購入すると仮定しましょう。そのときにあなたであれば何を気にしますか？

仮定1…「3歳の娘がいる」

3歳の娘さんがいるわけですから、防犯面は気になるところです。建物自体の物理的セキリュティーはもちろんですが、それと並行して立地条件の治安にも目が行くことでしょう。

このケースで私が営業マンであればどうするか？　まずは管轄警察のホームページをチェックして地域の防犯状況を調べます。そして、実際に警察に話を聞きに行きます。「治安が悪い」という結果が出た場合の対応には苦慮しますが、他地域と比べて安全面で勝っていることが証明されれば全面的にアピールするでしょう。警察のホームページ以外にも役所のホームページにも情報は隠れているので利用しましょう。

仮定2…「子育て環境にこだわりがある」

これは一部のお客様に限定される作戦ですが、子育てにそれなりの考えを持っているとあなたが感じたら十分に実行する価値のある作戦です。

実例をお話しましょう。

ある県の分譲地です。ちょっとした理由があって完全に売れ残りました。営業サイドも必死になりましたがダメ。日々累積していく損出を横目で見ながら手をこまねいていたのです。

ここで私が提案した作戦が「子育て」でした。これはたまたま運があったのですが、その分譲地の学区内にある小学校が県の教育モデル校でとてもユニークな教育を実践していたのです。

ある若手の社員に指示してその学校を徹底取材させました。その結果、その学校のよさがどんどん出てきたのです。校長先生の指導方針が大きく影響していると思いましたが、一言で表現すると子供がのびのびと育つような教育システムで満ち溢れていたのです。

ここで調べたことを新聞広告に織り込んで地域に配布。子育てに関心をもつお客様の目に留まったのはいうまでもありません。

急所8　展示場の接客順路をどう考える

意見が分かれる問題です。基本的にはお客様の好きなように見てもらうのが原則ですが、徹底的にコースを決めて接客している会社もあります。私の経験、また現在の指導内容は「どうぞご自由に」スタイルですが、接客コースや内容を決めたことが功を奏している住宅会社があるのも事実です。

ここでは私が考える接客順路のポイントを考えていきましょう。

■2階→1階の順番に接客する

簡単なテクニックなのですが、このパターンの接客は新鮮味があって面白いかもしれません。展示場などでの接客を思い起こしください。通常は1階から接客を開始するはずですね。

問題は2階の接客終了後。1階に降りていくお客様は当然のことながら「ありがとうございました。では、失礼します」というようにお帰りモードになっています。住宅営業マンとしては、そこで呼び止めて着座に持ち込みたいところです。

ところが2階→1階の順番に接客を行い、最後にリビングにあるソファー近辺を通過すると着座率が高まるのです。やればわかります。

■着座しやすい仕掛けを作る

現場見学会などにおける皆さんの目標は、やはりその場での着座折衝だといえるでしょう。着座に失敗してしまうとその後が追客しにくくなるからです。しつこい営業はご法度ですが、スマートに着座を促すのは当然といえるでしょう。

そのためには、モデルハウスの中に着座できるような仕掛けを施すべきです。リビング、和室、庭、2階ホール、子供部屋、主寝室など4~5箇所には設定できると思われます。

そして各場所に思わず座りたくなる、もしくは座る理由をそこに作らなくてはなりません。そこまで準備をすれば、これまでの接客スタイルとはずいぶんと異なったものになるでしょう。

一例を挙げます。和室は座って過ごす空間です。しかし、展示場などではお客様と営業マンが上から見下ろすように通過するだけです。私の営業時代は和室では何とかして着座してもらう努力を欠かしませんでした。

「和室は座ってもらわないとよくわかりませんよ」というような趣旨のことを話して誘導したものです。トークはいろいろと工夫しましたが、成功率は20%。けっこうな高確率だと思いませんか？　お試しください。

急所9　和室接客のツボ

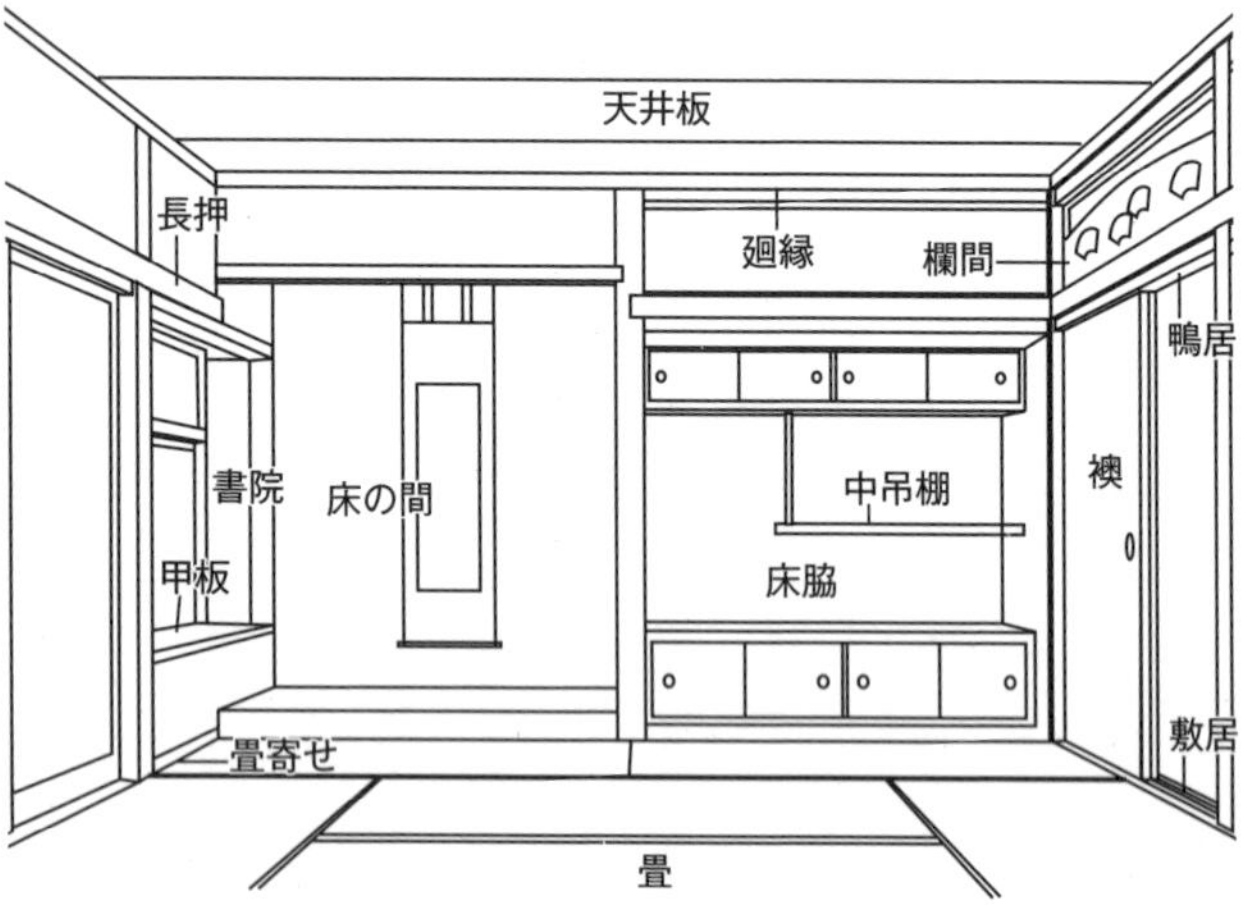

和室の接客を解説するまえに、皆さんにはやらなくてはならないことがあります。

和室に関する知識、うんちく話を頭に詰め込みましょう。研修でよく経験するのですが、意外なほどに和室のことを知らない営業マンが多くいます。しかし、大工さんしか知らないようなことまで知る必要はありません。

長押《なげし》、鴨居、框《かまち》、書院造といった言葉を見て、すぐにその絵が頭に浮かびますか？

これは最低限の事項ですが、このように和室の名称を勉強するだけではなく歴史にも目を向けてください。

「畳の縁を踏んではいけない」などとよく言われますが、これにもいろいろないわれが存在します。私がかつて先輩から聞いたものをご紹介しましょう。

■理由1…畳の縁を踏むと傷みが早くなるからです。ほつれやすくなるということでしょう。これは容易に想像できる理論的な話です。

■理由2…畳の縁を踏むと床下の潜んでいる賊から足の裏を槍で突き上げられるから、という歴史にちなんだ理由もあります。これについては現在では意味を成しませんが、面白話として覚えておいてください。必ず役に立つ時があるはずです。

急所10　二間続き和室を欲しがるお客様

「二間続きの和室」と聞いてもピンと来ない人も多いでしょう。これは文字通り2つの和室が並んで配置された間取りです。しかし、一般的には地方都市に多く見られる間取りですし、希望しても予算と敷地の問題があるので昔と比べれば要望は減ったと思われます。

この項目では、二間続き和室を求めるお客様への接客時のポイントをまとめてみましょう。

私は個人的に二間和室については不要論者です。土地の余裕があっても作る気持ちは毛頭ありません。では、これに固執するお客様というのはどんな層なのでしょうか。

■体裁を気にする

究極論としてこうなります。「二間続きの和室もないようでは格好がつかない」というのが理由です。都会で営業をしている方には信じられないかもしれませんが、この理論は地方都市や田舎に行くと厳然と生きています。

ですから、接客中にこのような雰囲気を感じたら、このポイントを押さえながらの対応にシフトすべきです。

しかし、この「体裁」の意味は幅広いと考えてください。近隣の人が目を見張るような豪華な和室を作らないと気がすまないと考えるような見えをはるタイプの方もいれば、近隣に比べて見劣りするようではバランスがうまくない、と考える消極的見え派の方もいます。

■広い和室がないと親類縁者が集まるときに困る

これも自身の体験がないと理解しにくい内容です。私もこのような経験がありません。もともと親戚は極端に少なかったということもあり、家に大勢の親戚が来るなどということは想像すらできませんでした。

ところが、自宅に大勢の親戚がやってくる方にとっては、彼らを迎え入れるだけの広い和室はどうしても必要なのです。しかも、年に数回か数年に１回あるかどうかの集まりのためにそのような和室を設けるわけです。

いかがでしょうか。関係ない人にはまったく関係ない話だと思いますが、もし接客中に「二間続きの和室」という言葉が出てきたら、本書を思い出してください。

急所11　展示場の玄関ホールで絶対に押さえるポイント

展示場の玄関ホールの接客。これはなかなか難しいものがあります。玄関ホールという場所は「さぁ、どうぞ」というだけの場所になりがちだからです。でも、こんなスペースであっても、押さえるべきところはしっかりと押さえた接客をすれば、有益な情報を入手することができます。

お客様が靴を脱ぐのを見ている時間があるはず。あなたがしなくてはならないことは、ここで観察できるものは鋭くチェックして頭に叩き込むこと。これだけで折衝の際に必要な情報入手をしたことになります。

次はこんなトークで攻めてみましょう。「ここ（上がり框《かまち》）に座ってみましょう」という感じの言葉をかけてください。実際に家を購入したら毎日座る場所です。だからこそ、来場したお客様には座ってもらうべきだと私は思います。

たとえば次のページのような会話はどうでしょうか。私がスタンダードにしていたトークの一例です。「お父さんお母さんとの同居はあるのか？」と遠回しに聞いていますね。ストレートに聞いてもいいのですが、接客能力を上げたいのならば、このような言い回しも覚えて参考にしてください。

森　「いらっしゃいませ。どうぞお上がり下さい」
お客様「いや〜こちらのお宅は玄関がすごく広いですね！こんなのがあればいいよね。信じられないほど明るいし」
森　「こちらの奥さまの強い希望があったのですよ…あの、こちらに座ってみてください（と言いながら自分が先に上がり框に座る）。家を買ったら毎日座る場所なのに、こういった見学会ではだれも座らないのですよ」
お客様「言われてみればそうだね。では…」
森　「これで35センチあるのですがどうですか？　当社ではこの高さを推奨していますがいかがですか？　ちょうどいいとは思いますが、これが70〜80歳のお年寄りだとまた話が違うかもしれませんね。ところで、お父さん、お母さんとの同居はおありですか？」

この会話のポイントをご説明します。展示場などの接客時に家族構成を聞きだすのが私たちの仕事です。とくに親との同居があるかないかは基本事項。直に聞いてもいいのですが、この会話のように家族構成を聞いても不自然ではないような前振りをする方が、お客様にとっては抵抗が少ないのです。「情報を探りに来たな！」とお客様に感じられたら負けです。

急所12　リビング接客のツボ

リビングでの接客はどうすればいいのでしょう。ここではこんなトーク事例をお教えしましょう。

■現宅との比較

リビングに限った事ではありませんが、今お住まいのリビングと比べての感想を伺うことで会話が成立します。ここも私の経験談を掲載しましょう。

森　「今のリビングと比べていかがです?」

ご主人　「広さは今とあまり変わらないけど、明るいね。天井も高くてせいせいするし」

森　「では、お建て替えの際にはリビングの広さをどうするか?というのは課題ですね。現状維持にするのか思い切って拡大するか」

お客様　「だけど、敷地が狭いから…大きくするのは無理だよな」

森　「たしかに敷地を見ないとわかりませんね。でも、この間取りはＬＤＫをうまく連結させて実際よりも広く見えるように工夫されているのですよ。天井が高いのも一役買っていますし」

お客様　「言われてみればそんな気もするね」

森「実は面白い工夫があるのですよ。リビングの隅に置いてあるこのソファーに座ってキッチンの方をご覧ください。するとものすごく広く見えるように感じるはずですよ、さあ、どうぞ」

こんな感じで会話が続いたのですが、私の作戦はもうお分かりですね。狙いは最初から着座にあったのです。座らないとわからないという仕掛けを事前にたくさん作っておいたわけです。基本的に室内外を問わずどこでもできますが、ソファーという存在を考慮するとリビングでもっとも効果を発揮する作戦と言えるでしょう。

話は変わりますが、リビング接客をスムーズに進行させるための大事なポイントをお話ししましょう。

テレビの活用です。これは住宅展示場でも現場見学会会場でも同じですが、テレビを使ってお客様が興味を抱く映像を流してください。興味深い映像が流れれば、それに思わず見入ってしまうでしょう。そこですかさず着座を促すのです。

いかがでしょう。営業トークとテレビの活用がリビング接客のポイントであることを認識してください。

急所13　キッチン接客のツボ1……料理が好きか嫌いか

これはとても重要なヒアリング事項です。キッチンは奥様相手の接客になりますが、奥様の料理に対する熱意によってあなたの接客内容も変えるべきです。

料理が大好きな奥様がいたとします。この方に対しては徹底的に夢を語るべきです。料理に対する意気込みや関心を探るトークは簡単で、ストレートに聞けばいいのです。

■「奥様は料理をするのが好きですか?」

これでいいでしょう。この質問への答えを聞けばすぐに判断できます。

■「奥様は料理好きですか?」とご主人に聞く

奥様本人に聞くと謙遜したりしますが、一番いいのはご主人に話を振ることでしょう。「ええ、うちの女房はけっこううまいものを作るのですよ」という返事が返ってくれば、奥様は料理が好きでキッチンに対しての思い入れは強いものがあると予測できます。

そうであれば、あなたの対応は次のようになるべきでしょう。料理にまったく関心がないとしたら、少しは勉強をしてください。

■「今のキッチンでコンセントは足りていますか?」

この答えに対し奥様は「いいえ」と必ず答えます。現状のキッチンでコンセントが足りているような人に私は会ったことがありません。せっかく家を新築するのに、キッチンコンセント不足でたこ足配線。これでは涙が出るでしょう。

自分にあった営業トークを使えばいいのですが、このトークは私の経験上、会話が弾むいいきっかけとなりました。

こんな話の振り方をする営業マンはまずいません。お客様にとってあなたの話は新鮮に感じるのと同時に、信頼感を得ることにもつながるでしょう。自分が困っていることをずばり指摘されると、あなたに対してもっと何かを聞いてみたいと思うようになるのです。

このトークを代表例として本書では紹介しますが、キッチンで奥様と会話を弾ませるには、キッチンにおける奥様の不満ポイントをおぼえておけばよいのです。

３口コンロでは足りない。コンロ周りに光が当たらず手暗がりになる。ものを置くスペースが狭い。キッチンの高さが合わない。調理中はひたすら孤独。油がクロスについて汚れる。レンジフードのパワーが弱い。大きな鍋を収納するスペースが見当たらない…何でもいいのです。自宅のキッチンに立って考えて見ましょう。

急所14　キッチン接客のツボ2……ガスVS IH

ガスコンロとＩＨクッキングヒーターの利点、欠点をそれぞれについてまとめておきましょう。どちらを勧めるかはあなたの考え方によりますし、会社の戦略もあるので私からは何ともいえません。

しかし、キッチンを接客するときにはガス、ＩＨの話には必ず触れるはず。プロであるならば、ガス、ＩＨそれぞれの利点、欠点を公平な目でアドバイスをしてください。

これが奥様の信頼を得ることにもなりますし、接客濃度も濃くなります。次のページに欠点、利点をまとめましたので覚えてください。

私はこれまでに、北から東京ガス、東京電力、東邦ガス、中部電力、大阪ガス、四国電力、西部ガスの各社さんから呼ばれてセミナーを開いてきましたが、その際それぞれの立場からのデモンストレーションを20回以上は受けてきました。

ここでは私が見聞きしたり、それぞれの社員さんから聞いた面白いトークをご紹介しましょう。実際の営業現場でもこの話をしてください。お客様のことを本当に考えるならば、情報はしっかりと伝えるべきです。

■ガスコンロのメリット
・鍋の周りを包み込むように火が回る
・鍋を振ることができる
・火が点いているのかどうか一目瞭然で安心

■ガスのデメリット
・夏場はコンロ周りの温度が上がり暑くなる
・強い風が吹くと火が暴れる

■IHのメリット
・水が沸騰する時間が早い
・見た目がすっきりしている
・火が出ないので衣服に着火する可能性はほぼない

■IHのデメリット
・鍋を常にガラストップに接触させていないと通電しない
・ガスコンロと違い熱の伝わり方に若干のむらがある
・炎で食材を炙ることができない

急所15　キッチン接客のツボ3……対面キッチン

基本的な考え方は前項と同じ。利点と欠点をお客様にお話しすることが信頼を得ることにつながります。

「対面キッチンって素敵よね！」

手放しでこう話す奥様は非常に多いですね。住宅営業マンはついついこれに相槌を打って適当に流しがちです。軽く流しても問題がおきるわけではありません。しかし、あまり深い考えを持たずに対面キッチンがいいという奥様に対しては、その利点と欠点を正直に伝えてほしいのです。

キッチンの基本的配置は3パターン。①対面　②アイランド　③壁に向かう形式となるでしょう。それぞれの利点、欠点を話せるように準備をしてください。

私の経験談です。展示場での接客時は「対面キッチンが夢だったの」と話す奥様に対して私はデメリットもしっかりと伝えました。結果的に契約できたのですが、仕様決めの段階になると奥様は真剣に悩み始め、最終的には対面キッチンをやめました。「臭いがリビングに流出する可能性がありますよ」という私の言葉がひっかかっていたそうです。

■**対面キッチンのメリット**

・リビングを見ながら作業ができるので孤独感がない
・プランによるがリビングからの自然光が期待できる
・配膳がしやすい
・キッチンカウンターを作ればそこで食事ができる

■**対面キッチンのデメリット**

・キッチンがリビング側にきて固定されるので部屋が狭くなる
・リビング側からキッチンの中が丸見えになる
・水洗いの音がリビングに漏れやすい
・料理のにおいがリビングに流れ込む可能性がある

急所16　子供部屋の接客のツボ

子供部屋の接客で押さえたいポイントは、なんといってもお客様の家族構成を聞くことです。ここでいう家族構成とはもちろんお子様のこと。性別、年齢は当然ですが学校でのクラブ活動や性格なども接客の参考になります。

■小学校六年生
■クラブ活動はサッカー　レギュラー
■身長165センチ
■頭は丸刈り
■専用のパソコンを買い与えたばかり
■1年生の妹がいる
■勉強もかなりできそう
■親、本人ともに英語を習得したい気持ちが強い

短時間の接客でこの位の情報を得られたと仮定します。あなたであればどんな質問をしますか？　その質問の仕方によって折衝の成否が決まります。情報を基にしたヒアリングのツボを次で解説しましょう。

ポイント1……サッカー

サッカーに夢中であり、しかもレギュラーでしっかりと活動している。まずはこれを質問のきっかけにしたいところです。本人はもちろんですが、親がどの程度サッカーに傾注しているかもさりげなく聞き出します。

サッカーに重きをおくのであれば、サッカーボールはもちろんのことサッカー関連商品の収納の話をするのも手です。「サッカー関連のもので収納に困っているものはありませんか？」と言えば必ず話はつながるはずです。

ポイント2……英語を習得したい

純粋に勉学もがんばりたいのか、社会情勢を考えてこう話すのか。もしくは、サッカー留学において英語は必須条件というところまで考えているのか。こんなところまで推測して話をしてください。

ポイント3……子供部屋の概念確認

そもそも子供部屋は必要か？　という問いかけです。ライフスタイルの大きな変化と従来型の子供部屋の是非を問うのです。以前と比べてこの傾向が明らかに増加しています。住宅営業マンが固定概念を持ってはいけません。世の中の動きにも敏感に反応してください。

急所17　主寝室接客のツボ

主寝室の話は比較的簡単にできます。ポイントがはっきりしているからです。では、そのポイントを解説していきましょう。

ポイント1……どんなサイズのベッドを置くか

特殊なケースを除いて、皆さんが接客するお客様はベッドで寝る生活になるはずです。この場合、主寝室にベッドを2台入れるケースが多いのですが、予定しているサイズをヒアリングしてください。

キングサイズを1台置くのか。もしくはセミダブルを2台並べるのかなど組み合わせは多岐に上ります。

ポイント2……寝るだけのスペースと考えるのか否か

寝室は寝るだけの部屋。もしくは趣味的な要素や寛ぎも求めるのか。この選択によって設計は大きく変化します。しかし、この質問に対して明快な答えをするお客様は皆無だと推測します。

答えに窮するということは、質問としてはレベルが高いということです。言葉に詰まれば会話が成立しません。どんどんリードしてください。

■ベッドサイズの例

◎シングル　…幅100cm
◎セミダブル…幅120cm
◎ダブル　　…幅140cm
◎クイーン　…幅170cm
◎キング　　…幅200cm

※ベッドのフレームサイズは会社によって大きく異なります。これはあくまで大まかな目安と思ってください。

急所18　2階ホール接客のツボ

ここでの接客はなかなか難しいですね。1階から2階に上がったところなわけですが、お客様の意識は子供部屋などそれぞれの部屋に向かっていますので、ここで足を止めさせるのは大変だからです。

私の経験からも2階ホールで接客するパターンはほとんどありませんでした。しかし、セッティングの仕方次第ではここも立派な接客スペースになるのです。

◎着座スペースの設置

◎子供向け遊びコーナーを作る

この2点をお勧めします。

着座スペースの設置は問題ないでしょう。お客様との折衝を考えると座らずの立ち話では限界が生じます。落ち着いて話すのならば、まずは座れる環境をこちらから準備するべきでしょう。

ホール部分のスペースに余裕があることが条件ではありますが、最低限の設備として、椅子と机は欲しいところです。

重要なのは子供の遊びスペース。これがキーポイントになります。お子様連れ限定ということになりますが、子供が喜ぶように2階ホールをリフォームしてください。子供が遊びたくなるような場所にすればよいのです。

キッズコーナーと名前を付けて展示場の一角にスペースを設けている会社も多いと思いますが、余裕があれば複数個所に子供向けのコーナーを作るのが営業戦略としては効果があります。

大きなテレビを置いてアニメを流すのもいいでしょう。実際にやってみればわかりますが、子供がそこで釘づけになったりします。そうなった時、目の前に椅子があれば着座を促しやすくなるでしょう。

多くの会社を訪問して展示場をチェックするのですが、子供部屋といいますか子育てに対する考え方を明確にアピールしているのを見たことがありません。子供部屋と称して箱があるだけです。

まずお願いしたいのは、社内で子育てにやさしい住宅とは何か？　ということを徹底的に議論してください。その中で出てきた案を整理して、展示場などの設営で具現化してほしいと思います。

急所19　階段接客のツボ

「接客」という言葉はあたらないかもしれません。階段の途中で立ち止まって接客をするシーンはさすがにないでしょう。しかし、少しでもいいので、何らかの接客ネタを持っているほうがいいのは明らかです。ここでは、ちょっとしたことなのですが、階段近辺での接客に役立つ内容を例示しましょう。

ポイントを次のページにまとめました。

壁紙の交換などは子育て住宅に関連してくるでしょう。新築を考えている人にはピンと来ない内容かもしれませんが、子供の落書きなどに悩んでいるお母さんならば飲み込みが早いかもしれません。

また、メーターモジュールの話は一部の住宅会社にしか当てはまらない内容ですが、参考にしてください。メーターモジュールを採用している会社の場合、尺モジュールと比べて自社が優れているとアピールしなくてはなりません。

「メーターモジュールは従来よりも10センチ程度幅が広く…」と力説するよりも、階段幅でその差を目で確認してもらうほうがはるかに有効でしょう。百聞は一見にしかずです。

■子供が壁紙を汚しても、見切り板があれば簡単に交換できる

■手すりは右、左両方につけると将来的にはいい

■棒階段と回り階段の違い

■メーターモジュール系の会社は尺と比較した幅の広さをアピール

■転落防止のためのフットライトの重要性

■蹴上げ、踏面の数字を教える

急所20　バルコニー接客のツボ

ベランダ、バルコニーどちらでも同じです。あなたがバルコニーで接客するシーンを思い起こして見ましょう。スリッパが3～4足準備してあり、お客様が先にスリッパを履いて外に。そしてあなたがそれに続いて外に出る。

こんなところでしょう。そして、外の景色を一通り見回して室内に戻ることになるのです。「接客といってもな…」というのがあなたの正直な感想のはずです。

たしかに接客が難しい場所ではありますが、最低限のトークを決めておくことをお勧めします。

次のようなニュアンスを伝えてください。

◎「バルコニーには2つの考え方があります。物を置いたり保管する実用的な場所と考えるか、外からの外観を引き締めるためと考えるかです」

「二者択一話法」と私は名づけていますが、これはバルコニーだけで使えるトークではありません。どの部屋でも使える話法です。

ここではバルコニーに関する２つの考え方を提示して、お客様選択を迫っています。「お客様はどちらを優先されますか？」と聞いてください。こう聞かれれば必ず自分の意見を表明せざるを得ません。現場では次のような会話が想定されます。

営　業「バルコニーには２つの意味というか目的がありまして…ということなのですが、お客様でしたらどちらの目的を優先されますか？」

お客様「そうだね、バルコニーにものをいろいろと置くのは好きじゃないけど、天体観測が好きだから、そんな使いかたかな。けっこうゴツい望遠鏡を持っているんだよ」

営　業「そうですか。残念ながら私は天文に明るくないのですが、そうするとバルコニーをどちらの方角に向けて作るかも大事ですね」

お客様「そうだね。理想を言うとルーフバルコニーにしたいんだけど、それは無理だから迷うところかな」

急所21　外回り接客のツボ

外回りというのは、文字通り建物の外周を回ることを意味します。研修などで口うるさく言っているのですが、現場見学会においては必ず家の外周もご案内することをご提言します。

これは他社との差異化をはかる営業テクニックのひとつ。想像してください。現場見学会において家の周りをお客様と一緒に歩いている光景が思い浮かびますか？　おそらくそういうシーンはあり得ないでしょう。

「一戸建てを新築したら毎日の生活で裏手にも足を運ぶことになります。だから、どのようなものを置かなくてはならないのかを、こういう機会に確認しておくべきですよ」

こんなトークでいいでしょう。私も現役時代には必ず家の裏手をご案内し、実際に好評だった記憶があります。他社がやらないことをする。これは営業マンの基本ではないでしょうか。

家の中を接客するのは当然のこと。意表をついた接客とはほかの営業マンが考え付かないことをすることです。

このような写真の場所で10分間の説明ができるようにしましょう

■現場見学会では建物の裏手に回って接客をしましょう。他社の営業マンがやらないことを実行するのが差異化になるのです。

急所22　初回面談での自己開示が情報取得の第一歩

これはとても重要なことです。家の見学にやってきたお客さんに対していきなりヒアリングを開始するのは間違っています。とはいっても仕事ですから、アンケートをとったり家族構成を聞いていくことはせざるを得ません。

しかし、わくわくしながら家を見学しにきたのに、「家族構成は？」「建築希望時期は？」「自己資金は？」などと聞き込まれたら気分はよくないでしょう。

これを緩和するのが自己開示。人のことを聞くのならば、まずは自分自身の情報開示からスタートです。物事の順番として理にかなっています。次のページに実例を掲載しましたが、このようなものを事前に渡すべきです。

「私は○○なんです。では、あなたはどういう方ですか？」ということですね。これならばお客様も相好をくずしやすくなるでしょう。

情報開示は個人だけではありません。会社の情報開示も徹底的にしましょう。ホームページがありますので、そちらを駆使してください。会社の歴史、代表者の挨拶などというのは当然のことですが、事務所内の雰囲気がわかる写真や社長をはじめとするプライベートな生活情報も開示しましょう。親近感が沸いてきます。

三重県(株)サンマル開発　原田店長からお借りしました

急所23　アンケートの裏をどう読むか

次のページをご覧ください。どこにでもあるアンケートの様式の一部です。「建築希望時期はいつですか？」という私たち住宅営業マンがもっとも関心を寄せる項目ですね。

この項目のどこに印をつけるかによって一喜一憂するのですが、この事例のように一見やる気がなさそうな場所に印をつけたお客さんこそマークすべき存在です。このことを理解できない営業マンは伸びないと断言します。

その理由を解説しましょう。

「今すぐ建てたいとかいったら営業マンに食いつかれそうだな」という警戒心がその答え。お客様の立場になってください。こう考えるほうが自然ともいえます。もちろん正直に申告するお客様もいるでしょうが、そうでない方は相当数いると考えるべきです。

「このアンケート結果はお客様の自己申告」

これが私の結論。３年以上先の予定というのはお客様の自己申告に過ぎないのであって、事実とは異なる可能性があると考えてください。

建築のご予定時期をお聞かせください

・今すぐ
・１年以内
・２〜３年以内
・３年以上先

アンケートの見本

急所24　懐具合の探り方

初回面談でここまで話を掘り下げられれば理想です。しかし、デリケートな話でもあるので営業マンとしてどういう突っ込み方をすればよいのか難しい選択を迫られる内容でしょう。

懐具合の探り方は最低限、次の2つのコツをつかめば大丈夫です。

■ストレートに突っ込む

さりげなく聞くのも有効な手段です。いけると感じたら突っ込んでもよし。ただ、ここで私が言いたいポイントはちょっと違います。

資金計画が非常に厳しい方が景気の悪化とともに増えてきました。年収が低いにもかかわらず土地と建物セットでの購入希望がある。転職して間もない。リストラに合いそうで不安定な経済基盤である。こういった事情をお持ちのお客様が増えてきています。

この場合、現場見学会のイベントに足を運んでも、頭から離れないのが資金計画です。住宅ローンを組めるのか？　という問題が頭の中の大部分を占めていると推測できます。

「何とかならないかな」と心の中で思っているはずで、建物の質やデザインがどうのこうのというより、まずは資金計画が成り立つかどうかが先決事項。だから、あなたが資金計画の話を突っ込んで「資金関係には私は詳しいですから、何でも聞いてみてください」といえばスラスラとすべて話をしてくれたりします。

■5種類の資金計画書から選んでもらう

10種類でもかまいません。20種類ならなお結構です。自己資金や借り入れ金額の組み合わせを変えた資金計画書を準備してください。この資金計画書をお客様に提示してこう勧めればよいのです。

営　業「ここに資金計画書のシミュレーション事例が5枚あります。お客様の内容にあったものを1枚差し上げますからお持ち帰りください。ご自宅でゆっくりご覧ください」

お客様「え～と、年収が750万円…俺はここまではないような。600万円だとちょっと少ないけど、まぁ、こんなところかな。でも、自己資金はもっとあるんだよね」

いかがですか？　聞きづらいことは、こうやって選んでもらえばよいのです。準備は大変ですが、その後の営業展開を考えれば悪くはない手です。

急所25　二世帯住宅

二世帯住宅のポイントは、なんといってもおじいちゃん、おばあちゃんの存在。ここを抜きにしては何も語れません。

■おじいちゃん、おばあちゃんを伴う来場

まず考えられるのは二世帯住宅の可能性があるかな？　と予測することです。そしてストレートにたずねればよいでしょう。たずねた上で二世帯住宅と判明したら、このポイントを抑えてください。

> **ポイント**
>
> **金を出すか？**
> **土地を出すか？**
> **口を出すか？**

解説は不要でしょう。この3点なのです。親世帯が来場されたときはここを抑えることを忘れないでください。この3点の組み合わせは全部で8通り。3つとも当てはまらないものから3つともしっかり口を出すパターンです。

■おじいちゃん、おばあちゃんを伴わない来場

この場合でも3つのポイントを念頭に置いた接客をしてください。重要であることには変化はありません。

ただ、親が来なかった場合の二世帯住宅接客では、親に直接言えない問題を聞きだすチャンスがあります。この好機を逃してはなりません。特に奥様の意見は注意深く聞きたいものです。

「実は…お母さんのことがちょっと苦手でして（笑）」

これは私の体験談。何気なく話を振った私に対して小さな声で奥様がこう答えたのです。この情報を入手できたことは、営業戦略上大きな得点。あとはこの「苦手」の中身を探り出せば提案のポイントを見つけることができます。

これとは逆に親にしてあげたいことなども聞き出せます。親の前では面と向かっていえないこと、たとえば「苦労かけた両親のために」といった類の話は親がいないからこそできるものだと思いませんか？

急所26　現場見学会→展示場への誘導テクニック

自社展示場を所有する住宅会社の方へのアドバイスです。現場見学会で接客して感触もなかなか良かった。しかし、その後のフォローがうまくいかない……

このようなケースにおいては、自社展示場へ誘致をかけてください。現場見学会を毎月のように開催できる力がある会社ならばいいのですが、案件が少ないとこうはいきません。

「現場見学会→自社展示場」という流れを作れば2回の接客チャンスが生まれますし、自社展示場のほうが資料なども充実していますので折衝がしやすいでしょう。

コンサルティング先で私が指導するのは「展示場案内DVD」の作成です。現場見学会にノートパソコンやテレビを持ち込んで放映してもらうのが目的です。

「今ご見学のお宅は対面キッチンですが、○○町にある当社の住宅展示場はアイランド式キッチンなんですよ。この画面では小さくてわかりづらいですが…もしよろしければこの後、展示場に行きませんか？　このお宅の印象が消えないうちに見ていただくとよく比較できますから」

このようなトークによる誘致を狙ってください。

☆受注に困らない人気工務店の秘密

会社データ　まちの大工さん　鈴木工務店　本社　愛知県　豊橋市
代表者　鈴木　伸一
HPアドレス　http://www.machino-daikusan.com/

「まちの大工さん」と表に出しているように、地域密着を自他共に認める工務店といえます。こちらの会社の特徴として特筆すべきなのが紹介受注。ほぼ１００％を紹介によって受注しています。

一般的な現場見学会もチャンスがあれば開催したいという鈴木社長ですが、小規模な経営形態なので、数をこなすことができません。だからこそ、紹介受注というのは大事な受注ルートとなります。しかし、この厳しい時代にあって紹介というのは簡単にいただけるものではありません。

そのような中で紹介受注がほぼすべてと言い切る鈴木社長。ここではその秘密に

住宅に関する知識は膨大な鈴木社長

迫ってみましょう。

気さくに取材に応じていろいろとお話をしてもらった鈴木社長（写真上）ですが、私がもっとも知りたかったテーマである紹介の多さの秘密を徹底的に聞いてきました。

■信念に基づいて主張する

最初にあげたいポイントはコレ。お客様が「○○がいいな〜」という話に対して、プロとしての助言をしっかりとするのです。

押し付けをするのではなく、信念を持ったアドバイスをするのです。結果的にお客様が採用しなければそれは仕方がありません。

しかし、この強さが強い支持を生む原動力になっていると私は思います。

鈴木氏「そうですね…たしかに私は思っ

たことは伝えますよ。そうしないと、結果的にお施主さんを後悔させることになりますので」

森　「かなり強く主張をするのですか？」

鈴木氏　「いえいえ、誤解されては困ります。最終的に決めるのはお施主さんなので、私はアドバイスをするだけです。でも、お施主さんがAだと言うと面倒くさいからそのまま流してしまう建築業者が多いと思うのですよ。それは違うだろ、と私は思っています」

森　「これまでにもそのような実例は結構あるのでしょうね」

鈴木氏　「もちろんです。すべてのお施主さんとのやり取りがそれの連続ですよ。ついこの前あったやり取りをお話しましょうか。引渡しはもう1年前になるのですが、この夏にきた大きな台風があった後に電話が奥さんからあったのですよ…」

話を私がまとめましょう。

この奥様はガチガチのオール電化住宅推進派とのこと。しかし鈴木社長が信念として主張する《エネルギー源はガスと電気を併用すべし》に基づいて奥様にアドバイス。社長はガスも入れないと失敗すると強く主張したそうです。

結果的に社長のアドバイスを聞き入れてオール電化住宅を止めたわけですが、引渡しを終えた4年後に大きな台風が豊橋を直撃しました。結果論かもしれませんが、大規模停電を起こし、オール電化住宅の家は困り果てたというのです。

断っておきますが、私はオール電化住宅を否定しているのではありません。鈴木社長も同じ意見。一つのケースとしてお話しているだけです。「おかげで子供のご飯が作れた」と奥様は喜んで、「社長の言うことを聞いて良かった」と話したそうです。

ここまでくると、紹介が多い理由のひとつが見えてきます。プロとしての意見を持ち、プロとしてアドバイスをする。これだと思います。今回のケースを分析するに、「エネルギー源をひとつにするのは危険だよ」というプロのアドバイスに従った結果、それが4年を経て証明されたわけです。

この瞬間に信頼感が生まれ、友人に家を建てる人がいれば鈴木社長のことを積極的に紹介するようになるのです。

■模型と手作り資料

次のページの写真をご覧ください。この2枚の写真には鈴木社長の紹介の多さの秘密が隠れています。

白い模型が見えますね。これはお客様に提出するものですが、これを外注するので

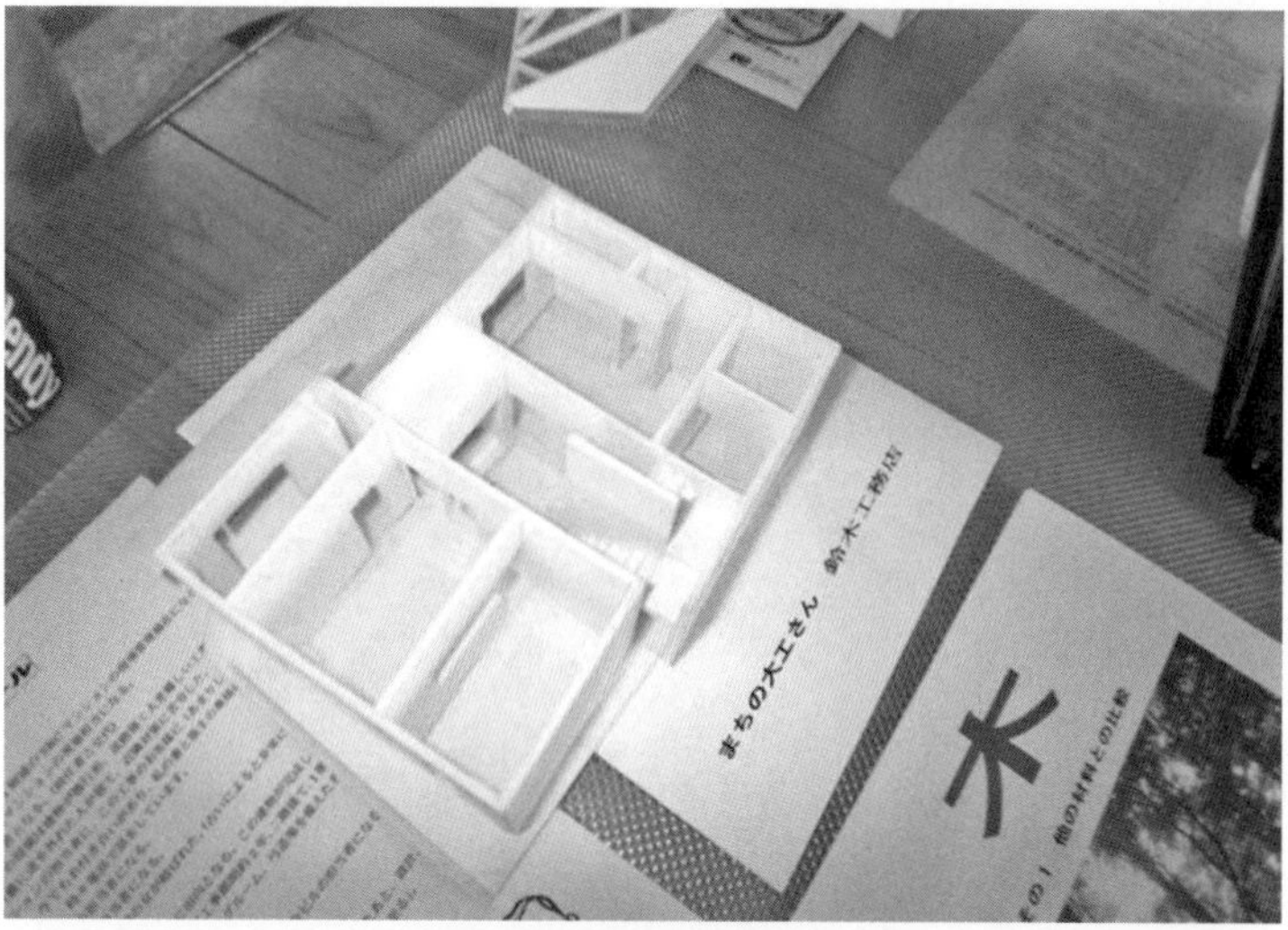

鈴木社長が自ら作る模型

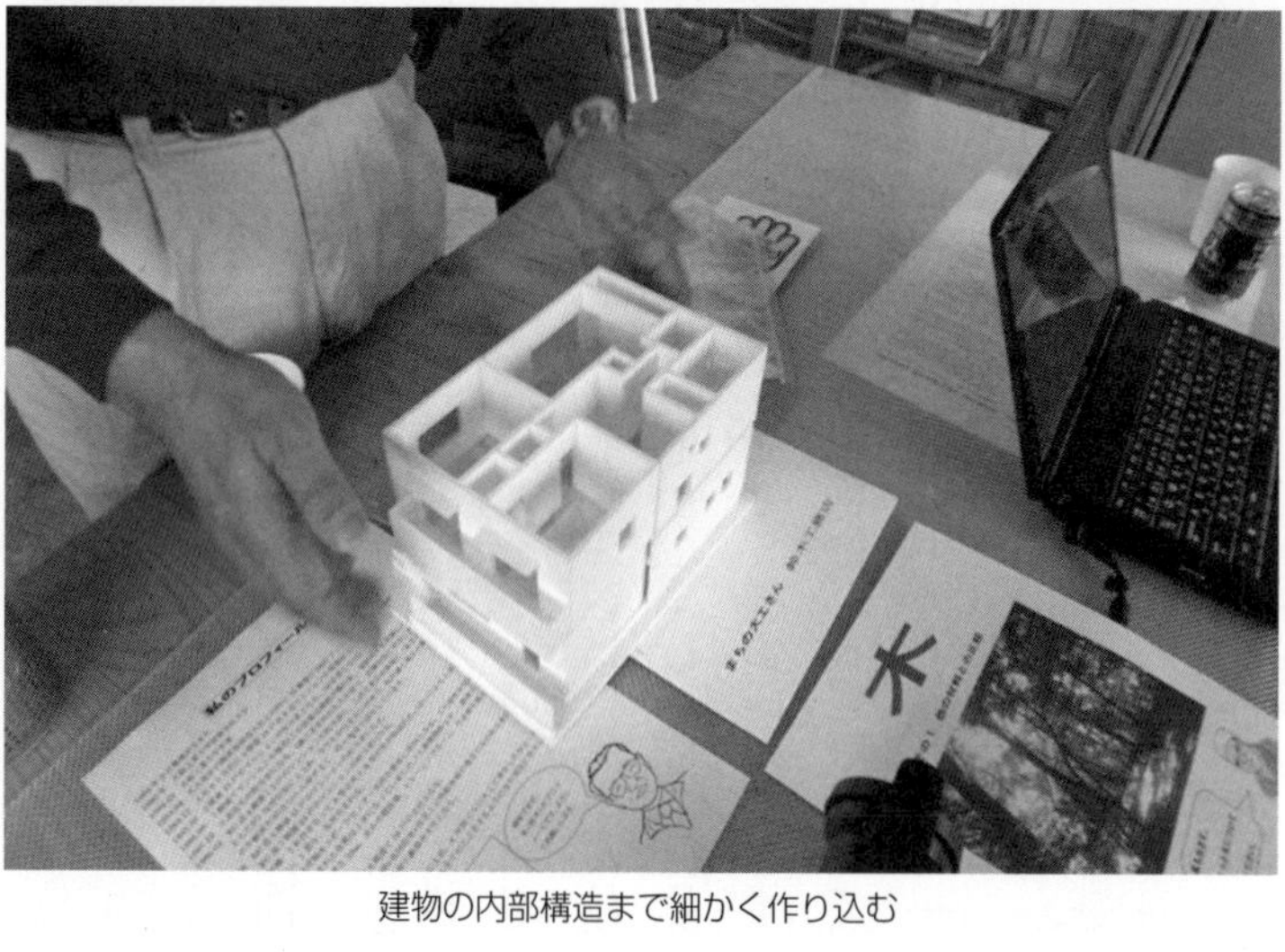

建物の内部構造まで細かく作り込む

はなく自分で作成してしまいます。やれと言われれば私でも何とかするでしょうが、この手間はかなりのもの。しかも驚くべきはその細かさ。

屋根が取れるようになっているのですが、屋根をかぶせたままでも中が見えるように透明なアクリルでできています。さらには、基礎、2階梁、小屋組みまでもが図面どおりに作られているのです。

前頁の写真に「木」と書かれた冊子が見えるでしょう。これは、鈴木社長がお客様に渡す資料のひとつです。大手ハウスメーカーであれば百は超えようかという資料が本社企画部によって作成されています。営業マンはそれを手に取りお客様に渡すだけ。

それと比べて鈴木社長はすべてを自分で作成しなくてはなりません。しかし、自分で考えるので非常に質の高い資料ができるのです。この資料を4~5種類いただきましたが、すべてが大変細かく、広範囲にわたるものでした。お客様にとって既製品である綺麗な装丁の資料と中身が充実した手製の資料のどちらが魅力的でしょうか。

満足度を上げるイメージパース

■手書き図面

この写真は社長がお客様のために書いたものです。現在のプレゼンテーションはソフトの発達のおかげで随分と進化しました。営業マンが苦労しなくても、数値を入れるだけで簡単にすばらしい図面が出てきます。

このように手書きの各ケースが減ってきていますが、手書きだからこそ痒いところに手が届く図面が描けるわけです。この写真はリビングとつながる和室を書いたものですが、もっと細かい図面が次から次へと出てきます。

パースはお客様にすべて差し上げるそうですが、どの家庭に行っても皆さん大事にとってあるとのことでした。

■学ぶべきポイントはコレだ！

「プロとしてのアドバイスをする」と最初に書きましたが、なんといっても最大のポイントはこれでしょう。高い商品を売る営業マンは強くなくてはいけません。お客様は強い営業マンを求めていることを忘れないでください。

高額商品を購入するときには大変な決断と勇気が必要です。勇気をもって清水の舞台に立つわけですが、そのときに一緒になって飛び降りてくれる人がほしいと考えてもらえばいいでしょう。

だから、お客様の要望を大切にするのはもちろんなのですが、お客様のためになるのであれば多少強めでもかまわないので進言すべきなのです。

また、本文には書きませんでしたが、鈴木工務店さんは新築をしたお客様からのリフォームの依頼も非常に多いことも追記しておきます。

読者の中にはリフォームも新築と合わせて営業している方も少なからずいるでしょう。リフォーム受注の数字を上げたいならば、新築をしていただいたからのリフォーム受注を狙うべきです。そのためにも鈴木社長のような考え方をしてみることをお勧めします。

第二章　汗をかかないフォローの仕方

急所27　汗をかかない基本は初回面談のメモ

〝汗をかくフォロー〟とは古典的な根性営業とお考えください。しかし、根性営業、コテコテ営業を否定しているわけではありません。足を頻繁に運ばれることに感動を覚えるお客様が多いのは厳然たる事実ですから。

次頁の写真は私が営業マン時代に書いた接客時のメモです。殴り書きですが、最初に会った時が汗をかかない営業ができるかどうかの境目となります。

このようなメモにはどのような意味があるのでしょうか？

左上あたりに「T　料理好き」というメモがあります。Tとは妻の略字。私が勝手に決めていたものです。このメモを事務所で読み返した私は、翌日の訪問時に料理好きな奥さまなら目を引くであろうと思われる資料を作って持参しました。

このときは玄関先で1時間以上話し込んだ記憶がありますが、奥さまが興味津々で私の話を聞いていたのをはっきりと覚えています。

ここでお話ししたいのは、無駄な汗を流す必要はないということです。そのための簡単なコツが初回面談のメモ。これを実行すれば、あなたの営業活動は随分と楽なものになるでしょう。

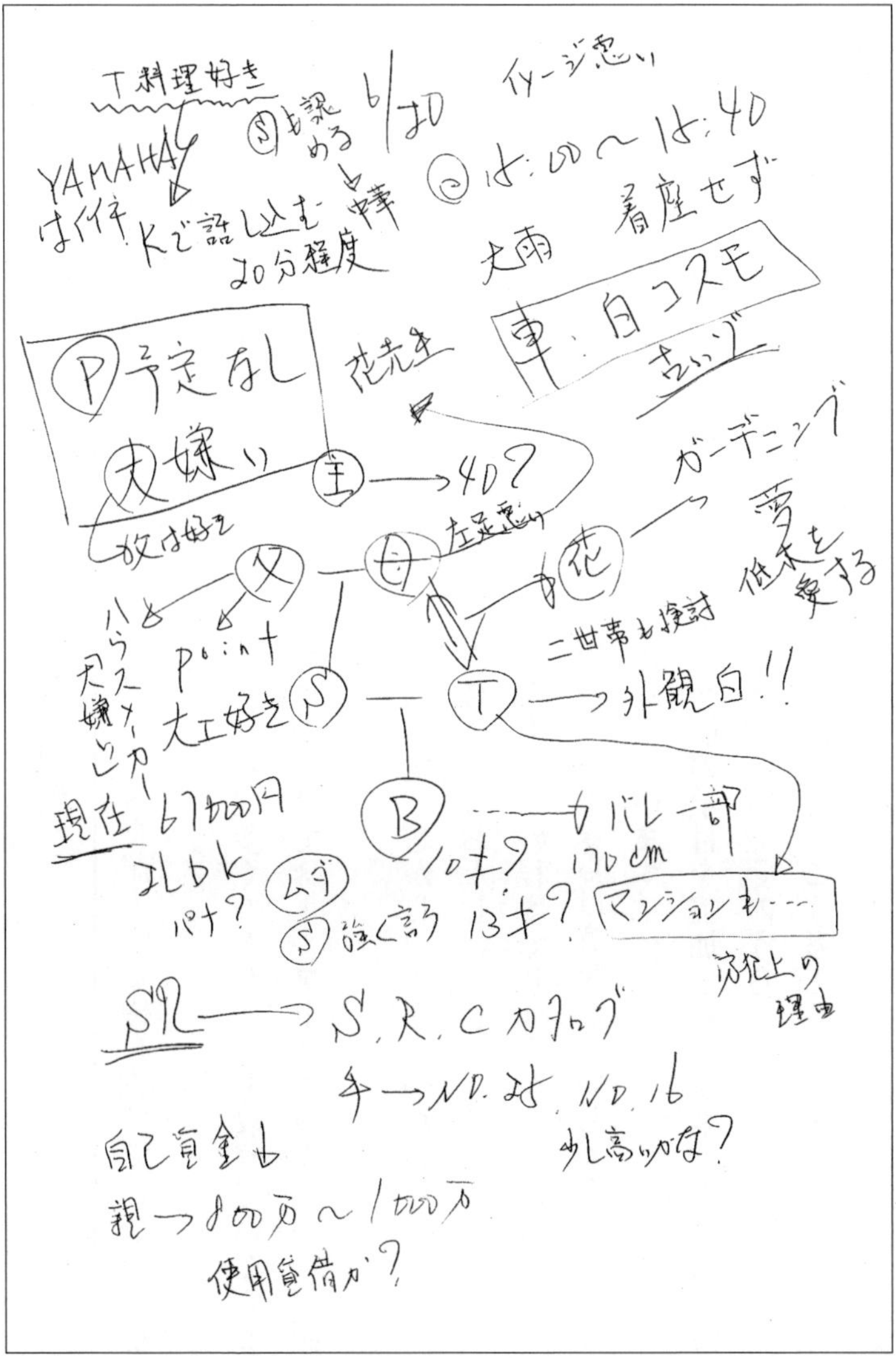
T料理好き
イメージ悪い
YAMAHA
14:00～14:40
Kで話し込む
20分程度
着座せず
大雨
車：白コスモ
P予定なし
40?
ガーデニング
夢
二世帯も検討
point
大工好き
外観白!!
現在 67000円
バレー部
170cm
マンションも…
S.R.Cカタログ
自己資金
少し高いかな?
使用貸借か?

急所28　メールアドレスを初回面談で奪取

「現場見学会などのアンケートにメールアドレスを記入する欄を設けていない工務店さんは大至急アンケートを作り変えてください」

セミナーの席で私はよくこう話します。すると、多くの人がメモを取っていくことに意外感を覚えます。私の目算では30〜40％の会社でメールアドレス欄がないと推測しています。

お客様がアドレスを書くか書かないかは別問題。しかし、汗をかかない営業をするならば、アドレスを聞く欄がないのはどう考えてもおかしいでしょう。

では、実際の現場においてアドレスの記入率はどの程度でしょうか？　10％ちょっとというのが私の結論です。「10％くらいの記入率ならば意味がないじゃないか」という声が聞こえてきそうですが、それは違うと思います。

アンケート用紙を改良してメールアドレス欄の項目を追加するのが唯一の手間。何のマイナスもありません。１００人の来場者があってそのうち１人だけがアドレスを記入したとしてもメリットだけでデメリットはなし。こう考えると、すぐにでも訂正すべきです。

「メールアドレス欄はあるけど記入率が上がらない」

これは当然です。もし私が住宅展示場を見学した際にアンケートを求められたとしましょう。住所、氏名、電話番号ときてその下にメールアドレス欄があればまず間違いなく飛ばします。

「書くのが面倒くさい」これがその理由。おそらく多くの人がこう考えて書かないのでしょう。それとともに多いのは個人情報の漏洩問題。自分のメールアドレスが流出することに嫌悪感を示す人もかなりいると思われます。

取得率アップのコツのアドバイスです。

「アドレスをお持ちでしたらお書きください。現場見学会などの情報をお知らせしますので。それと、写真を添付しても大丈夫ですか？」

①再度書くように促す　②写真などを添付して送ってもよいか　この2点を話してください。①については効果が必ずあります。情報漏洩が嫌という明確なポリシーがある方は無理ですが、なんとなく書かなかったケースがもっとも多いので、軽い促しであっさり動く人が出てきます。

②に関してはファイルの重さです。これに解説はいらないでしょう。親切心で送った写真が迷惑になる可能性があるので注意をしてください。

急所29　メールを使ったフォローのコツ1

もっともポピュラーなメールフォロー術はメルマガでしょう。定期配信するかどうかは別として、メルマガが真っ先に浮かぶメールフォロー術であることは間違いありません。

しかし、メールを送れば相手が読んでくれるわけではありません。私もたくさんのメルマガの配信を受けていますが、そのほとんどは目を通すことなく捨ててしまいます。

この問題を解決する方法を考えてみましょう。

①文章量を圧倒的に少なくする

有名人のブログに散見されますが、ものすごく短い文章になっています。へたをすると3行程度。有名人だからということもありますが、せいぜい10行程度で収められるようなブログを配信するのもひとつの考えかたでしょう。とにかくゴミ箱へ直行するメールでは意味がありません。

3行はさすがに厳しいと思われますが、家作りの注意ポイントを格言のようにまとめて送るなどの工夫ができます。

②写真を徹底的に利用する

文章だけのブログと何らかの写真が添付されたブログとではどちらが見られやすいか？　これは明白ですね。写真が添えられているだけで、圧倒的に開封率が上がります。もし私が顧客向けに配信するのであれば「私がお送りするメールには必ず写真を添付しますので是非ごらんください」と事前に伝えるでしょう。

③トラブル事例を紹介する

トラブルとはもちろんお客様と住宅業者との間で発生するものです。私は仕事柄全国のビジネスホテルに宿泊します。予約する際には専門のサイトを使いますが、一番関心のある項目は宿泊客の感想。しかも苦情により一層の関心を惹かれます。

おそらく多くの人も同じではないでしょうか。本能的にトラブルを知りたく思うのです。そして、トラブル内容を見て、そのホテルへの宿泊の選択にかかるのです。

ホテルと住宅は違いますが、他人のトラブルであっても知りたいと思うのが人情でしょう。高い開封率を目指すのであれば、このポイントに特化したメルマガなりを作ってみましょう。ただし自社で実際にトラブルを起こした方の事例を掲載するのは難しいので、ネットでネタを探し出しそれを加工してください。その時には「ネタ元」にも配慮してください。

急所30　メールを使ったフォローのコツ2

なんでもいいので返信を期待したい。当たり前です。プライベートであなたが送ったメールに返信がなかったらどうでしょう。もちろんプライベートと仕事のメールとではまったく性質が違います。そもそもお客様に送るメールは返信することを想定していませんから。

そんな状況でも返信をもらえないか考えて見ましょう。

こちらから仕掛けなければ返信はありません。それならば、返信をお願いする内容にしてしまえばよいのです。具体事例をご紹介します。これは実際のコンサルティング先で行った例です。

この会社（A社）では従来から営業マンがメールをお客様あてに送っていましたが、返信はまったくなし。ないのが当たり前ですから、この状態の営業スタイルを4年間継続してきたとのこと。

私が指示したのは至極簡単。「アンケートを作成して返信をお願いする文章を書いてください」これだけです。案は複数出てきましたので、それぞれの営業マンに任せて送信させたところ、平均で7％のお客様から返信がありました。

7％という数字をどう考えますか？　私はものすごい数字だと思います。7％という数字を取るために使った労力を考えて下さい。アンケートに答えてもらうようお願いした文章を書き込んだだけなのです。

ちなみに営業マンが考えてくれたアンケートで簡単かつおもしろかったものをひとつご紹介しましょう。

「来年度に展示場を建て替えることになりました。現在以下の3つのシステムキッチンを候補にあげて最終選定にかかっているのですが、皆様のご意見も是非お伺いしたく思っております。つきましては、以下のキッチンの中でもっとも印象のよいものをお選びいただき、その番号を書いてご返信いただけないでしょうか」

おおよそこんな文章でしたが、返信率はほぼ私の予想通りでした。10％はあるだろうという私の数字を若干下回りましたが、いいラインだと考えています。

この手法は返信を期待できる賢い手法だといえます。新商品の開発、展示場の建て替え、新しい企画プランの開発などの場面で実行してください。

お客様から何でもいいので返信があったこと自体に意味があるのですが、このアンケートによってお客様の好みをヒアリングしたことにもなります。また、会社にとってはマーケティングにもなるわけです。

急所31　メールを使ったフォローのコツ3

「これ以上の配信が不要な方はお手数ですが配信停止希望とお知らせください」

よく見かける文章ですね。一般的なメルマガでも文章の最後に必ずこれと同じ文言を見つけることができます。

この文章はメール作戦にとって大変重要なものです。お客様から配信停止希望が来た場合は見込み客リストからきれいに削除できるからです。

・他社と契約を済ました

・あなたのことが嫌になった

・計画自体がなくなった

・新築をやめてリフォームに計画変更した

考えられる理由はこのくらいでしょう。いずれにしてもリストからはずせますので、営業効率のアップにつながります。ＤＭを送っているとすれば80円切手の節約にもなるでしょう。

気にかけるとすれば最後の「新築をやめてリフォームに計画変更した」の可能性をどう考えるか、ということでしょう。

では、配信停止希望を申し出ないお客様はどう考えればいいのでしょう。単に面倒くさいからという理由も考えられますが、もし住宅メーカーを決定したのであれば、時々やってくるメールはうっとうしいはずです。しばらくは放置しても、そのうち停止に向けて対策をとるでしょう。

このように分析してくると、配信停止希望がない限りは中身のある見込み客リストといえるのです。メールが登場する前でも同じことはできました。「今後、このようなお葉書が不要な場合はご面倒ですがご連絡を…」という具合です。しかし、この文に対してわざわざ電話をかける人がどれだけいたか？　おそらく少なかったのではないかと思われます。

ですから、葉書の時代においては精度に問題があったのです。しかし、メールの時代になってからは、確度が一気にあがったのです。これはメールのもつ特異性によって説明できます。

葉書きの時代には切手を購入し、そこに配信停止希望を書いて送ったり、電話をかけて配信停止を告げたりすることに抵抗があったものですが、メールできた問い合わせに対しては簡単に返信しやすいのです。

急所32　メールを使ったフォローのコツ4

メールフォローのコツの最後。ここでは、基本的な注意事項をまとめましょう。

「メールアドレスは持っているけどめったに見ない」

こういう人が結構います。人間は誰しも同じですが、自分を標準化してしまう過ちを犯してしまうものです。

私は日常的にメールを使いますし、パソコンに送られたメールもすぐに携帯電話にも転送されるように設定してあります。すると、世の中の人々も同じような動きをするのだろうと勝手に考えてしまうのです。

あなたがメールに親しんでいる生活をしているとします。すると、お客様も同じようにメールに親しんでいるだろうという先入観を持ってしまうわけです。あなたは四六時中メールをチェックするかもしれませんが、お客さんはたまにしかチェックしないかもしれません。

アンケート用紙にメールアドレスを書いたからといって、メールに親しんでいるかどうかは別物。「メールは毎日チェックされますか?」と必ず聞く習慣をつけるようにしましょう。

急所33　名簿客が定期的にこちらにコンタクトするテクニック

これは営業マンにとって理想の話。営業というものはこちらから出向くものであって、お客様からこちらに出向いてくるとの想定はないのです。

だからこそ、お客様がこちらにコンタクトする（しかも定期的に）ような営業システムを創り出せば、あなたの営業効率は飛躍的に上がることでしょう。

もっともポピュラーな作戦であるブログの定期更新。定番ではありますが、実際に家を建てた人のインタビューを丹念に調査するとこの傾向がはっきりと見て取れます。

山口県で、ある大手ハウスメーカーでしたが、私と、このメーカーで建築をした方とのやり取りをご紹介します。

森　「○○ハウスさんとご契約をされたわけですが、契約前に会社のホームページはよく見ていましたか？」

お客様「そうですね、しょっちゅう見ていましたよ」

森　「それは○○ハウスさんだけですか」

お客様「いいえ、検討している会社のホームページは毎日しっかりと見てました。しかも、くまなく目を通してました」

森　「では、ホームページのどの部分に注意がいきますか？」
お客様「私がもっとも気にしていたのは現場の進行を伝える部分ですね。すべての会社にあったわけではありませんが」
森　「その他は？」
お客様「社員さんのブログですかね…営業マンはもちろんです、現場監督、事務の女性社員などすべてですよ。やはり、動きがないと面白くないですから」

このインタビューでは現場の進行を伝える部分への話も出ましたが、やはり社員のブログは定番といってもいいはずです。「ブログはもう誰でもやっているしな〜」というのは間違いです。言いつくされた言葉ですので、ブログの定期更新は「まめ」にしましょう。

また、もう一つのお勧めしたいのは、会社のホームページとは別にあなた個人のホームページを作成することです。ブログではどうしても情報量が限定されます。ブログをやっている会社や営業マンはたくさんいますが、ホームページまで作成しているケースはほぼ皆無。だからこそ、あなたが実行する意味があるのです。

急所34　DMの問題点

DMは名簿客管理の基本。これはゆるぎない事実でしょう。いくらメールが発達しても、一日で様々な情報をキャッチできるDMには利点も数多くあるからです。また、メールを使わない人、使えない人は当面たくさんいると推測されます。

では、DMの利点ではなく、その問題点を検証してみましょう。

◎一方通行になる

この一点につきるでしょう。すばらしいDMを作成し送付しても、それをお客様が見たかどうかが確認できない。さらには、それを見てどのような感想を持ったのかも把握できないのです。

ここを突破することができれば、他社との大きな差異化になります。私は現役時代に問題に気づいていました。この壁を乗り越えるために様々な手を打ちましたが、もっとも簡単で効果があったのはＤＭ送付直後の電話です。「ＤＭをお送りしたのですが…」といって探ったものです。電話越しの声のトーンである程度の状況を推測できました。

急所35　DM、メールで反応のない場合の対処方法

多くの営業マンがぶつかる問題でしょう。この壁にぶち当たらない人はいるわけがありません。

では、この場合のあなたの行動は？　となります。私の考え方をここでお伝えしたいと思います。

■直接訪問して様子を確認する

これしかないでしょう。DM、メールでまったく反応がなければ直接訪問しかないでしょう。その間に電話を挟んでもいいですが、お客様の顔の表情が見えないのは営業的に大きなマイナスです。

これも私の体験談。メールがない時代でしたのでDMだけですが、とにかく反応がないお客様でした。電話もしましたが、奥様がすべて対応して「主人に聞かないとわかりません」との

一点張り。

そこである日曜日に突然訪問。応対に出たご主人は非常に困った顔をしていましたが「支店長が建てた○○ホームで建てざるを得ない雰囲気に…」というのです。

受注は取れませんでしたが、アウトカード扱いに、すっきりできました。

急所36　訪問活動すべてが悪ではない

直接訪問について話を進めます。

「直接訪問はお客様にとって迷惑である」という考え方がありますが、この考え方への安易な便乗はやめたほうがいいでしょう。昔と比べるとこの傾向が強くなったのは事実ですが、意味のある訪問活動と押し売りまがいの迷惑訪問とは根本的に異なるのです。

■お役立ち訪問

こういう言葉を聞いたことがあるでしょう。押しかけるだけの訪問は迷惑ですが、お客様のためになる情報を手土産に持参するのであれば、訪問の意味合いはずいぶんと変わってきます。

私が入社1年目のこと。現場見学会で子供部屋を接客していたとき、奥様が私にこう投げかけてきました。

「子供部屋って普通は何畳くらいとるものなの?」

いかにもありがちな質問です。「普通はどうするの?」「皆さんはどうするの?」という私への問いかけでしたが、このときは「6畳程度ですかね…」というこれまたありきたりな答え。

問題はその翌日の私の行動。当時は翌日にはすぐに訪問せよ、という指導内容だったのでわたしもそれに従っていましたが、内心は不満でいっぱい。この行動に疑問と不快感をもっていたからです。

この矛盾の整合性を取るために、机上でいろいろなことを考えました。そしてたどり着いたのが「お役立ち訪問」これならば迷惑訪問になりません。

話を戻しましょう。子供部屋の質問をしたお客様のお宅へ翌日訪問した私は、かばんの中にしっかりとお役立ち資料を忍ばせていたのです。

このとき持っていたのは「新築時に子供部屋を何畳取るか（県内データ）」を持参したのです。その当時はネットがありませんので、会社の資料倉庫を手当たりしだいにあさって参考資料を探し出したのです。

さて、肝心の訪問ですが、資料を見た奥さんとは玄関先で30分も話し込んだことを覚えています。これが単なるお礼訪問だったら、こんなに時間を費やしたとは到底思えません。

ここで急所27を再度読み返してください。初回面談時のメモがここでも生きるのです。メモをしたことが翌日の訪問に生かされるわけです。

急所37　ホームページの有効活用1……HPを作っただけ

急所37～40では、弊社森住宅コンサルタント(株)の野口直樹常務取締役に登場してもらいます。ホームページの作成からアドバイスにいたるまでのお手伝いを弊社ではしていますが、ホームページ関連は彼が中心に動いています。実際に携わっている工務店さんの事例も紹介しながらお話を進めましょう。

「作っただけで満足している工務店さんがあきれるくらいに多いですね」というのは野口常務と私が頻繁に意見交換をする内容。皆さんも心当たりがあるはずですが、まずはこの状態から抜け出さなくてはなりません。

野口常務取締役

「資料請求がジャンジャンくると思った」という思い込みも信じられないくらい多いケースだと野口常務は話します。彼が講師として招かれた勉強会などでも、多くの社長さんがこの罠に陥っているといいます。引き続き彼の考える工務店経営におけるＨＰのあり方を理論的に分析していきましょう。

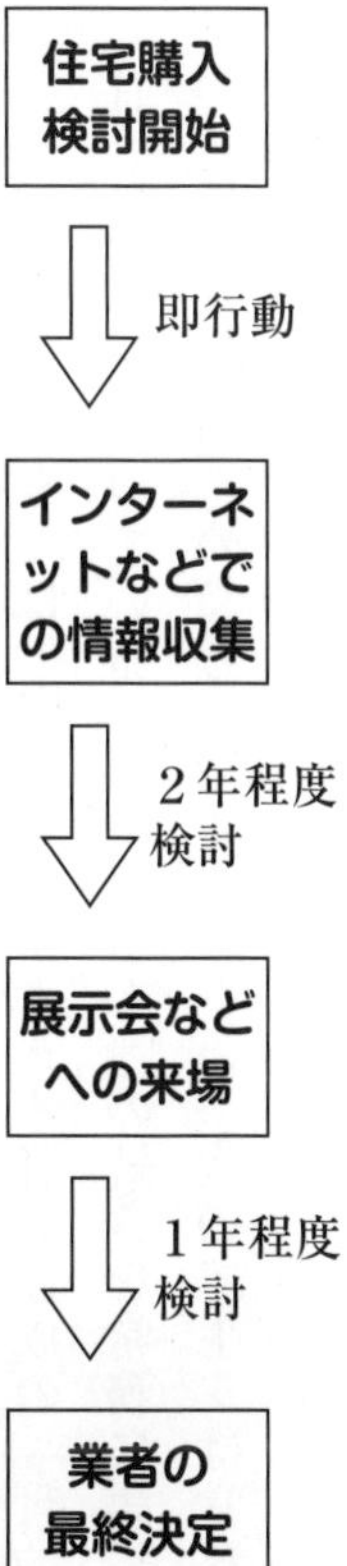

このような分析を彼はしています。ホームページで十分に検討を重ねた上でモデルハウスや現場見学会に足を運ぶことが多いと仮定すると、作っただけで放置されたHPの存在は、営業的に逆効果になる可能性すらあるのではないでしょうか。

■「関心を持っていただいたお客様をリアルなコンタクトに切り替えること」

これがポイントだと言います。一般的なＨＰの役割は「営業ツール」として活用するか「集客エンジン」として活用するかという2点です。しかし、住宅会社のＨＰは役割が少し違うということです。

つまり、住宅会社のＨＰで重要なのは関心をもってもらえるだけのレベルを維持すること。そうしないと、展示場や現場見学会に足を運んでもらえなくなります。まずは現場に来てもらうためにも、内容の濃いＨＰを作るべきです。中途半端に作成しただけのＨＰは会社のイメージを落とすことになります。

急所38　ホームページの有効活用2……HP作成の目的を持つ

野口「以前にホームページの運営で困っている会社（Aホームさん）があり、そちらのご相談に乗らせていただきました。この会社も前述の通り、〝業者に任せたけど、自分たちとしてもあまり出来栄えが良くなく、資料請求なども全くない。なんとかならないか？〟ということでした」

森「住宅営業の現場を知らない業者さんが作ったのでしょうね」

野口「そうだと思います。私たち二人は住宅営業マンの経験を積んでこの仕事をしていますからね。アドバイスのポイントがまったく異なって当然でしょう」

ホームページの作成で注意してほしいのは、見た目のまとまり感や綺麗さだけで決めないことです。住宅購入を検討している人が本当に知りたい情報は何か。ここをしっかりと押さえたホームページ作りをしてください。

さて、次のページでは、野口常務が考えるHP作成の「目的」についてまとめます。「HPの運営で困っているAホームさん」の続きを常務に語ってもらいました。あなたの会社のHP運営の参考にしてください。次のページは常務の話をそのまま掲載させてもらいます。

「何をお客様に伝えたいか？　どういった素材があるのか？」などをヒアリングしていき、リニューアルしたところ、アクセス数は変わらないものの、直帰率（すぐにサイトから出て行ってしまう）や滞在率（サイトの中をじっくりと見てもらえる）が劇的に改善していきました。それまでのホームページは「来てもらっても、すぐに帰ってしまう」状態だったのです。特に変わったのは「実例物件の紹介ページ」です。

リニューアル当初は、あまり力をいれていなかったので写真掲載や簡単なコメントに留めていましたが、数値データを調べたところ「そこからの離脱が一番多い」ということがわかりました。

そこで、コメントの中に「お客様がなぜこの会社に決めたのか？」「プランづくりなど商談過程での苦労」などを掲載したところ、この数値改善もされてきています。この改善のお陰でデータ上の離脱率は改善し、資料請求なども上向いています。非常にありがたいことに、来場されたお客様の中でも、「ホームページを見ていて」というお話をいただくことが多くなりました。

この会社の方たちとは、実践的な営業のレベルでどういったことを話しているかという議論をしたところ、「実際にあなたの会社が建てた作品を見てみたい、ってお客様が多いのでは？」という話から内容を膨らましていきました。（弊社　野口常務）

急所39　ホームページの有効活用3……営業ストーリーに組み込む

◎集客→商談→クロージング→契約…これまでのスタイル

「チラシなどをまいて集客そして商談…と続く営業ストーリーは今でも変わりません。しかし、**現在ではお客様の商談過程にインターネットを使って情報収集する、比較検討するというプロセスが組み込まれてしまったのです**」

FC加盟店さんへのHP活用のアドバイスをする野口常務

野口常務の指導ポイントはここにあります。もちろん旧来型の折衝スタイルが破壊されたわけではありません。旧型のスタイルに新型が加味されてバージョンアップしたとお考えください。私たち住宅会社にとってはＨＰという余分な項目が増えてしまったのです。

しかし、この余分な項目を負担と考えるか、営業的なチャンスと捉えるかで受注状況は一変します。経営者の力量が大きく問われると断言します。

野　口「今までは〝チラシをまいて集客して、来場したお客様を接客して、いかに契約するか？〟という商談のプロセスを経ていたため、〝いかにチラシで集客するか? やその商談過程の歩留まりをいかに上げるか? "というように注力してきたと思います。**しかし、現在はお客様の商談過程にインターネットを使って情報収集する、比較検討するというプロセスが組み込まれてしまったのです。**

自社のホームページやブログ、ＳＮＳやＴｗｉｔｔｅｒなど様々なところから有・無責任な情報が飛び交っているのです。正直言って、一般のお客様がそういった情報の真偽や優劣を判断し、比較検討することは難しいでしょう。だからこそ、まずは自身の会社のホームページで、きちんとした情報発信をしていくことが競合他社と戦っていくための準備となるのです」

長くなりましたが常務の言葉をそのまま引用しました。この考え方には皆さんも同感だと思います。とくに比較的大きな住宅会社になると、ネット上での誹謗中傷に巻き込まれたりするなど、思わぬとばっちりを受けることも珍しくありません。

このような誹謗中傷の真偽をお客様が確かめるのはほぼ不可能です。そのためにもまずは自社のＨＰを充実させ正しい情報発信をしなくてはなりません。

急所40　ホームページの有効活用4……新鮮な情報を毎週定期的に発信

最後のポイントは定期更新。定期更新＝新鮮な情報。こうなるでしょう。つまり、HPを作成したもののまったく変化がない、ということが最悪のパターンと言って間違いありません。

野口常務は「**〝そんなに頻繁に内容なんか考えられないよ〟という意見もよく伺います。でも会社は存続していて、実際の現場も動いていて、営業活動も行っていて、何も情報がないのでしょうか？　建築中の物件の進捗や出来事、イベント告知など、発信すべき情報は多くあるのです。通常おこなっている活動をきちんと発信していくことが重要です**」と力説します。

そのとおりです。何もないというのはありえないこと。担当者をしっかり決めるか、持ち回り制にするなどして定期更新を心がけてください。

次のページのデータは、弊社がお手伝いをしているクレバリーホーム大垣店さん（岐阜県）のログ解析表です。どのページ、どのくらいの時間、閲覧していた時間は、など詳細な項目を調べてアドバイスをしています。実際の分析ページの中の1枚だけですが、このような形で精査するのです。皆さんも自社のHPの分析は忘れてはなりません。

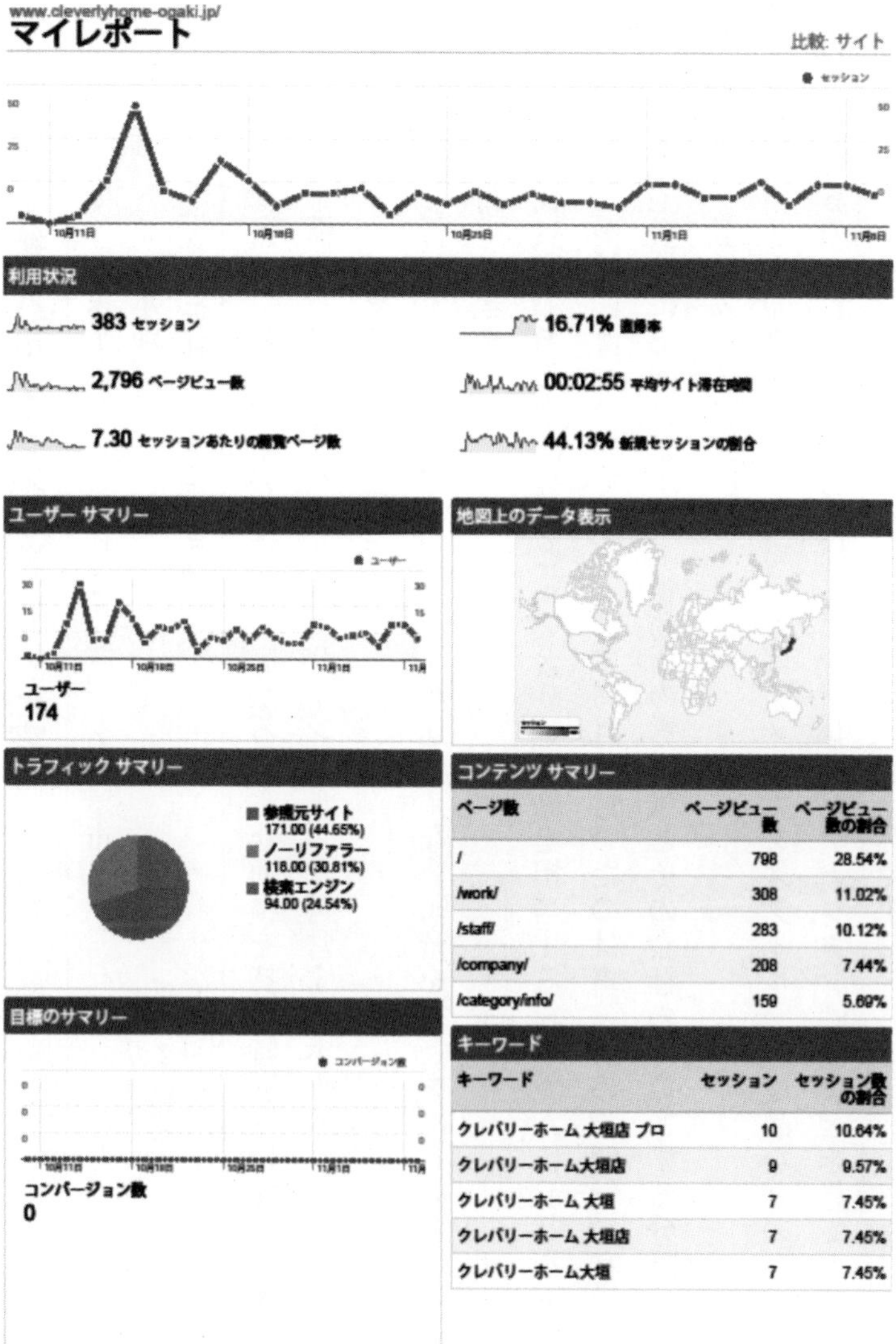
www.cleverlyhome-ogaki.jp/
マイレポート
比較: サイト
セッション
利用状況
383 セッション
16.71% 直帰率
2,796 ページビュー数
00:02:55 平均サイト滞在時間
7.30 セッションあたりの閲覧ページ数
44.13% 新規セッションの割合
ユーザー サマリー
ユーザー
174
地図上のデータ表示
トラフィック サマリー
参照元サイト 171.00 (44.65%)
ノーリファラー 118.00 (30.81%)
検索エンジン 94.00 (24.54%)
コンテンツ サマリー
ページ数 | ページビュー数 | ページビュー数の割合
/ | 798 | 28.54%
/work/ | 308 | 11.02%
/staff/ | 283 | 10.12%
/company/ | 208 | 7.44%
/category/info/ | 159 | 5.69%
目標のサマリー
コンバージョン数
0
キーワード
キーワード | セッション | セッション数の割合
クレバリーホーム 大垣店 プロ | 10 | 10.64%
クレバリーホーム大垣店 | 9 | 9.57%
クレバリーホーム 大垣 | 7 | 7.45%
クレバリーホーム 大垣店 | 7 | 7.45%
クレバリーホーム大垣 | 7 | 7.45%

☆受注が途絶えない人気工務店の秘密

会社データ　ホームパパ　本社　愛知県　名古屋市
代表者　小池淳一
ＨＰアドレス　http://www.home88.jp/

名古屋市緑区は、名古屋市の南東部に広がる大きな面積を持つ特別区になります。ここに本社を構えるのが（株）ペガサスデザインセルズが運営するホームパパという柔らかなネーミングを持つ住宅会社です。

少数精鋭で行っている会社ですが、受注が途絶えない秘密を社長をはじめとする3人の方々に聞いてきました。

はじめに代表者である小池社長とインテリア関係を担当する鈴木さんにお話を伺いました。話は多岐に渡ったのですが、すぐに目に付いたのは事務所の雰囲気。私はいろいろな住宅会社に出向きますが、事務所の雰囲気とその会社の得意とする分野は、高い確率で一致するのです。

ホームパパさんの事務所は一言でいえばアメリカンスタイル。調度品などの存在がそう思わせるのでしょうが、お客様に出すプレゼンテーション図面などを見てもデザイン性にかなりのこだわりを持っているのは一目瞭然です。

左：インテリアコーディネーターの鈴木さん　右：小池淳一社長

小池社長が描いたプレゼンテーション図面を実際にいただきましたが、この色調そのものがすでにアメリカンスタイル。この色遣いが好きな人にとってはたまらない絵だと思います。

「ピンポイント営業は顧客の満足を生む」

これは私の持論。大手ハウスメーカーのように広く浅く顧客を追うのではなく、オンリーワンを目指してその分野のエキスパートになるべきだと思います。

その意味でもホームパパさんがアメリカンスタイルの輸入住宅に心血を注いでいるのは営業的には大正解。また、この一点集中のパワーがお客様の感動を生み、紹介につながるのでしょう。建築会社は万人に受ける必要はありません。受注が途絶えない理由はほかにもあります。

カラー写真でお見せできないのが残念ですが、小池社長は次頁のようなプレゼンテーション図面をお客様に出すそうです。大手も含めて輸入住宅系の会社ではしばしば見られるケースですが、輸入系志向のお客様にはこのタッチは非常に受けます。

プレゼンテーションというと専用ソフトに頼りきりの会社が多数を占めるはずですが、まずはこのような手書きをお勧めします。私のプレゼンテーション研修でもこのことは強くアドバイスをします。

この図面は小池社長の手によるものですが、インテリアコーディネーターの鈴木さんの存在も、この会社にお客様が集まる大きな要因のひとつであると私は分析しています。

インテリアコーディネーターという肩書きは大きな問題でありません。「デザインに関して私はプロである」という気概と「鈴木さんのアドバイスを聞いてよかった」と評価されることに生きがいを感じているかどうかが重要なのです。

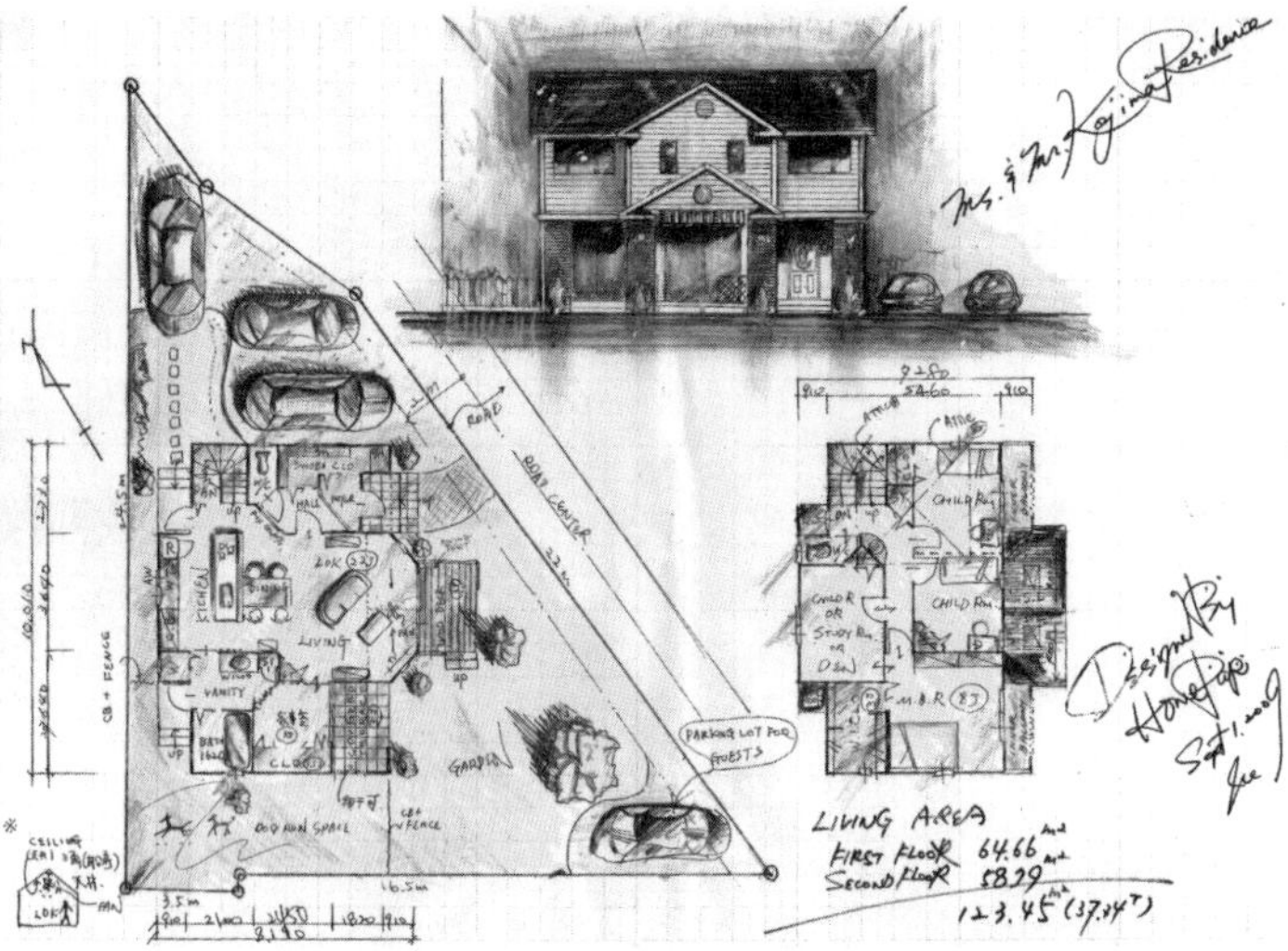
Ms. & Mr. Kojima Residence
LIVING AREA
FIRST FLOOR 64.66
SECOND FLOOR 58.79
123.45 (37.34)
PARKING LOT FOR GUESTS
ROAD
ROAD CENTER
GARDEN
KITCHEN
LIVING
CHILD Rm
M.B.R
Designed By HomePapa
Sept 1. 2009

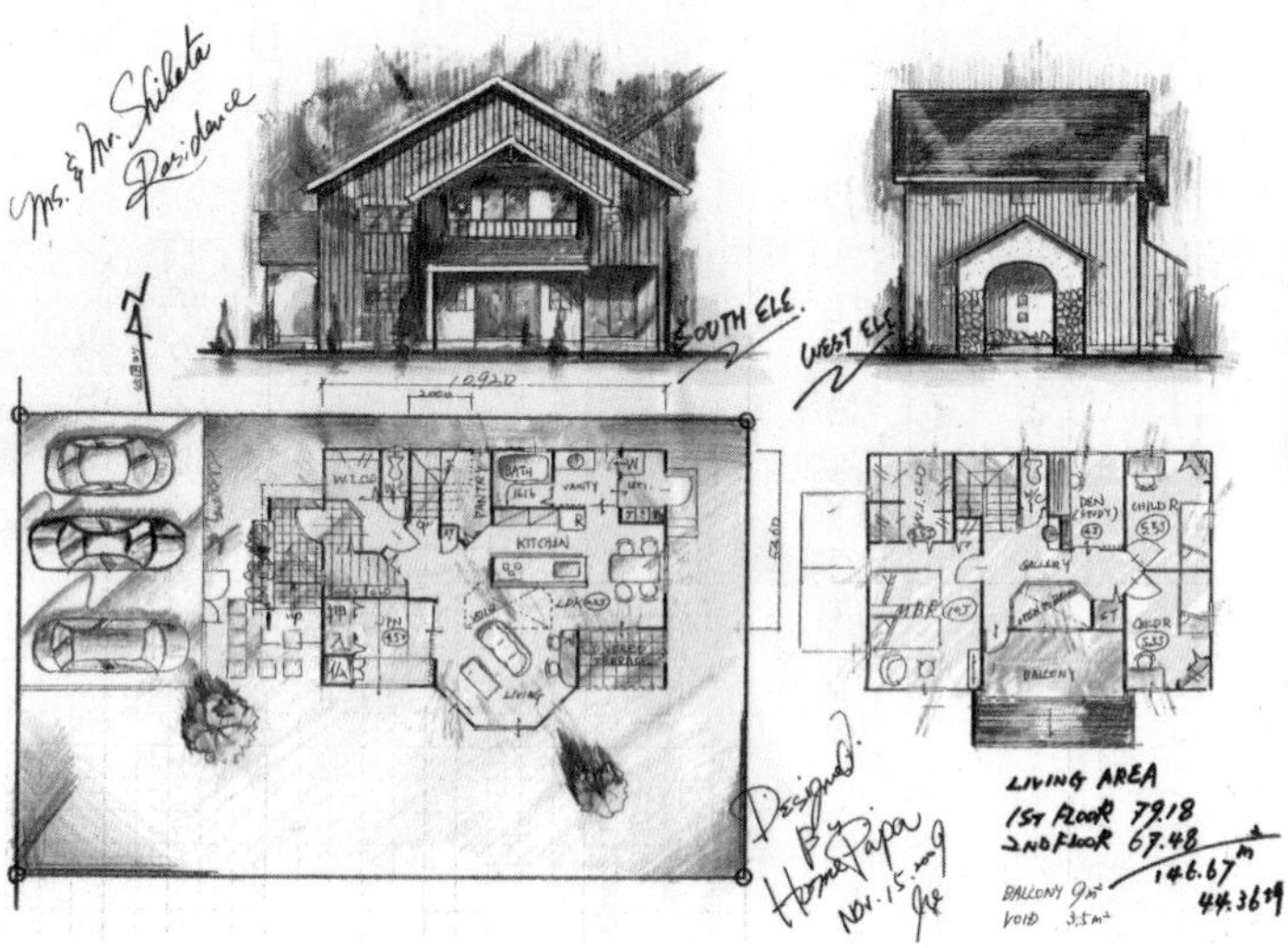
Ms. & Mr. Shibata Residence
SOUTH ELE
WEST ELE
KITCHEN
LIVING
PANTRY
BATH
VANITY
GALLERY
BALCONY
DEN (STUDY)
CHILD R
MBR
LIVING AREA
1ST FLOOR 79.18
2ND FLOOR 67.48
146.67
44.36
BALCONY 9m²
VOID 3.5m²
Designed By HomePapa
NOV. 15. 2009

■ユニークな現場見学会システム

現場見学会は建築会社とお客様をつなぐ大事なイベントです。ホームパパさんも力を入れているとのことですが、まず目を引いたのが次頁のダイレクトメールです。デザインはすべて鈴木さんの担当ですが、このＤＭをみただけで会社の得意分野がはっきりと見て取れます。

さらに注目してほしいのは「商品券３０００円分プレゼント」これにはさすがの私も驚いて「社長、こんなことして大丈夫ですか？」と聞いてしまいました。

しかし、小池社長はにっこり笑って「大丈夫です」とあっさりとした様子。もちろんＤＭを送付したお客様だけだそうです。新聞折り込みのチラシにこれを書いたらとんでもないことになるでしょうから。

思い切ったことをしているように見えますが、来場されるお客様の真剣度は高いそうです。顔を出してすぐ帰ることは、３０００円の商品券をもらってしまうとなかなかできないかもしれません。

このようなシステムで現場見学会を行っている住宅会社は、おそらく日本中を探しても見つからないと私は思います。経営者によほど自信がなければこんなことはできないでしょう。

料金別納
郵便
HOME
OPEN H
オープンハウス会場：
052-878-00
OPEN
4/25(
OPEN HOUSE
9/19(sat),20(sun)
10:00-17:00
Home Sweet Home....
Happy at home
彼には彼のスタイルがある。
Today's Impression-Tomorrow's Dream
HOME

■資金相談のプロがいる

「年収の高いグループと比較的年収の低いグループに分かれてきている」

こう話をするのは、取締役営業部長の伊藤正勝氏。伊藤部長の存在が会社繁栄の一翼を担っています。資金計画のプロを自認する伊藤部長にお話を伺いました。

森「他社でローンが通らなかったお客様も高い確率で通すと聞きましたが」

伊藤氏「自信はかなりありますよ、もちろん合法的にね（笑）厳しい時代になってから、この名古屋でも中間所得層がきれいにいなくなってしまいましたね。だから、ローンはまったく問題ないお客様もいる反面、知恵を絞らないと通らない方たちがものすごく増えています」

森「ローンを通すコツとかはあるのですか？」

伊藤氏「よく聞かれるのですが、答えは簡単。お客様と腹を割って話すこと。これだけなんですよ。正しい情報さえもらえれば、後は私が知識と情報を駆使してローン付けをお手伝いします。だから、単刀直入に聞きますよ。普通の営業マンだと聞けないような立ち入ったことも初対面からガンガンいきますから。でも、これがお客様のためになるんです」

車のローンはもちろんのこと、離婚歴までもしっかり聞き込むとのこと。養育費を前妻に払っている可能性があるからです。合わない人はダメだと思いますが、伊藤部長に出会って家を建てた人はものすごく感謝するそうです。

「伊藤さんのおかげです！」と涙を流さんばかりに感謝されるとのことですが、これは決して誇張ではありません。後光が差すとはこのことでしょう。

銀行員以上の知識を持つ伊藤部長

いかがでしょうか。アメリカンスタイルにこだわりを持ち、自社のデザイン力に絶対の自信をもった営業展開がお客様を呼び込む。

そして、デザインなどに高い満足感を持ったお客様から紹介が出る。さらに、資金的に厳しい方に対してはあらゆる知識を持った営業部長の存在。伊藤部長の存在は県内でも有名で、金利などの変更があると銀行から競って連絡が入るそうです。

受注が途絶えない明快な理由がある建築会社です。

第三章　折衝のテクニック

急所41　折衝はお客様宅か事務所か

この問題について考えたことはありますか？

「折衝の際はなるべくお客様のお宅へ伺うように。そのほうが契約にも近づくぞ！」

現役時代はこのように教えられたので、私は疑うことなく機会を捉えては、お客様宅へ出向くようにしたものです。実際の話、契約率も上がったような気がしましたので戦略的に間違っていたとは判断していません。

しかし、コンサルティングの仕事について全国の住宅会社を回るようになり、初めて気づいたことがありました。

「事務所に来ていただいたほうが時間のロスがないでしょう？」

ある営業マンがこう私に尋ねるのです。言われてみれば当たり前のこと。このほうが良いに決まっています。事務所にはたくさんの資料もありますので、お客様にとっても便利な状況といえるでしょう。

このように話をすると軍配は事務所に上がりそうですが、私からのアドバイスは違います。事務所、お客様宅の一方に偏らせる必要はないし、またそれはおかしいと考えています。

◎初回面談
◎お客様宅に訪問してじっくり観察
◎事務所での折衝で時間を節約

現場見学会などで初回面談をするわけですが、アポイントが取れた直後の第一回目の折衝はお客様宅がいいでしょう。現在の生活状況を観察できるという大きなメリットがあるからです。

お客様宅をひとまず観察したら、次は事務所のほうがいいでしょう。お客様にとってもいろいろと資料を参考にできるので楽しいはずです。

急所42　最初の具体的折衝で押さえるポイント1……競合の有無

これは大変重要なポイントです。「競合なんて関係ない。そんなことに惑わされるな」という指導者がいますが私は疑問を感じます。

ただ、この考え方には一理あります。この一理とは《競合情報に振り回されて営業折衝がねじれてしまう》危険性のこと。つまり、この危険性さえ排除すれば、競合会社を初回面談で察知しようとする努力をすべきというのが私の結論です。

■値引きを常套手段とする会社との競合

地域でも有名な大幅な値引きで受注を取る住宅会社があったとします。あなたがストレートに「気に入った住宅会社さんはありましたか?」と聞いたところこの会社の名前を出しました。

この場合は要警戒。仮にあなたと折衝を開始していいところまでいったとしても、その会社の十八番である値引きをクロージング直前に切り出されて案件を取られることが想定されるからです。

では、この場合の対象方法は?となります。この答えは単純明快で値引きをする会社はやめたほうがよいということを伝えることです。

■契約直前の値引きはおかしいことをはっきり伝える

私はこれが大事だと思います。とにかく大幅な値引きを契約直前に切り出す会社はダメ。最初から値引くことを前提にしているとしか思えないからです。このことをお客様に伝えるのです。

多くの方はこの話をほぼ受け入れてくれます。ただ、理解してもらうためには、初回面談から進言することがポイント。最悪なのは契約直前で相手会社が値引きを切り出した直後に言うことです。

「300万円も値引きをしてくれるのですか。それは普通ではありえないことですね。もし、そうだとしたら、値引く直前に契約をしたら300万円も損をしたことになりますよね」

もしくは

「もともとが300万円のせた金額だったのではないですか？」

といえばいいのではないでしょうか。

できれば他社をどうのこうのといいたくはないのですが、あまりにひどいインチキ値引きで受注を取る業者は淘汰されるべきだと思っています。健全な住宅業界を構築すべきです。

急所43　最初の具体的折衝で押さえるポイント2……家族内の反対

契約直前でひっくり返る原因のひとつに親の反対という古典的な理由がありますが、親以外の家族による反対も十分に考えられます。初回面談で営業マンはここを押さえてください。

■奥様と合わない

男性営業、女性営業ともに要注意なのですが、奥様との相性がどうだったかを自問自答しましょう。初対面で女性である奥様から敬遠されると、その後の折衝の成功率は激減します。

「あの人、ちょっとイヤだわ」という理由で終了。これはご主人よりは奥様に多いと分析しています。女性の方が感覚的に好き嫌いを判断する傾向が強いからだと私は感じますし、知人の女性に聞きまわっても同じ事を言います。

ですから、初回面談時に奥様とコミュニケーションを図れないと感じた場合は、手紙でも何でもいいですからアプローチをしてください。

また、女性営業マンも注意が必要です。男性営業マンが奥様に嫌われる理由を調査すると「デリカシーがなさそう」「清潔感がない」「話し方が嫌い」などがけっこう上位に入ってくるのですが、女性営業マンに対する拒否の理由の上位には「嫉妬感」「警戒感」が上げられます。

特に魅力的な女性営業の場合は奥様から警戒されるケースがたまにあるので、念のために頭に入れておきましょう。初回面談ではありませんが、次にあげるのは、実際にある女性営業マンから聞いた実例です。

その当時28歳のA子さんの住宅営業経験は3年。成績も16人中3～4番ということで女性ではトップの成績です。このA子さんとまさにこの問題について話をしていたら、彼女から自身の体験談を話してくれました。

「最初のころはそれほどでもなかったのですが、とにかく家には絶対に来ないでほしいとおっしゃるんですよ、ご主人が。問題はその後なんです。なぜか、そのご主人が必ず一人だけで来店して私と話をするのです」

この話を聞いて思い当たる女性営業の方も多いのではないでしょうか。A子さんは「しかも、家の話からどんどん逸れていくんです（笑）」とも笑って話します。3人のファンがついている、というリフォームの女性営業さんとも会ったことがあります。とにかく、女性営業のケースでは男性営業マンにはない問題や特徴がありますので、注意して接客に臨んでください。

急所44　最初の具体的折衝で押さえるポイント3……親の意見

親の反対。ここではもっともポピュラーな反対者を取り上げましょう。親の存在は世の中が不景気になればなるほど重要になります。子供世帯が単独で住宅を建築する力が低下しているからです。

親は他の反対者との対応と異なります。そもそも展示場などに子供世帯と一緒に来ないケースのほうが多いのがその理由です。前述した奥様の場合はその場にいるので顔の表情などを読むことができますが、その場にいなければどうしようもありません。

■親の影響度合いを探る

急所25でも書いたように親が、■金を出すか？　■土地を出すか？　■口を出すか？　の3点をしっかり押さえることです。

もし来店時に親がいなかった場合は確認しやすいと思います。なんといっても本人がいないわけですから、息子さんはもちろんお嫁さんである奥様の口もすべるかもしれません。

ただ、本人がいないからといってストレートに気持ちを打ち明けてくれないケースも多いので顔色をよくチェックしましょう。

■「お父さんが出てきて○○ハウスはダメだというのですよ」

これは上司への報告でよく聞かれる内容。私もこの報告にはうんざりしたことがイヤというほどありました。これは営業マンの単なる不注意以外の何物でもないからです。初回面談のときに必ず聞く。こう肝に銘じておけば絶対にミスをしないポイントのはず。これは営業マンの怠慢としか言いようがありません。お客様が意図的に隠したのであれば対処しようがありませんが、顔色などを探ればある程度は予測できるものです。

■「俺の目が黒いうちはこの家には手を出させん」

参りますね、こうこられると。これは建て替えなので、事例としては少数でしょうし、その中でもこういった理由で反対に合うのになるとさらに案件は減っていくでしょう。でも、いざあなたがぶち当たったときにおどおどしないように対策だけは練っておきたいところです。

簡単な対応策は次の二つ。「床柱でも大黒柱でもいいですが、新居にそれを活かしましょう」と提案するのです。もうひとつは、「お孫さんのために…」という枕詞を使って攻めくださ い。効果が出ます。

急所45　最初の具体的折衝で押さえるポイント4……デザイン

デザインに限定しなくてもよいですが、間取りや家の雰囲気などを含めたすべてとしておきましょうか。

■現場見学会のお宅に好印象を持つと契約にいたりやすい

若干の解説が必要ですね。私は家を建てたお客様取材をライフワークとして行っています。ビデオをまわしながらいろいろなことを聞いていくのですが、数多くのインタビューをこなしていくと、ある一定の傾向が垣間見えてきます。

あるインタビューを再現します。

森　「○○邸の現場見学会に行かれて営業マンの○○さんと会ったわけですね」

お客様　「ええ、もう5社くらい現場見学会に行きましたけど、最後に行った会社がこちらだったのです」

森　「現場見学会の感想は？」

お客様　「こちらの会社のデザインとか外観は自分たちの好みにほぼピッタリという感じだったのですごく好感をもちましたよ」

森　「間取りもご希望のものに近かったのですか？」

お客様「そうですね、偶然なのですがこれもイメージにピッタリ。インテリアというかクロスの感じや照明の選定なんかも趣味に合いました」
森「他社である○○社さんの現場見学会も行かれたそうですが、そちらのイメージというか感想はいかがでしたか？」
お客様「建物の外観が妻の趣味に全く合わなかったのです。私は好きな外観だったのですがね。間取りに関しては奇抜なもので、洋館といったらいいのでしょうか、一般的な日本人からみると、かなりズレてるかな？　という感じでした」

この会話が何を意味しているかおわかりですか？　人間というものは最初に受けた第一印象に支配されるもの。だから、現場見学会に来場したお客様の第一印象は必ず確認しなくてはならないのです。

感触がよければどんどん押していけばよいでしょう。もし、その逆の場合は早急にこの問題をつぶさなくてはなりません。もし概観に対していいイメージを持たなかったのであれば、あなたの会社で建てたいろいろなパターンの家の写真を見せるのです。「今回見た家はイメージに合わなかったけど、この会社には私たちの趣味に合う外観の家もできるんだ」と思ってもらう訳です。

急所46　最初の具体的折衝で押さえるポイント5……子供を味方に

契約できたお客様取材を続ける中で気づいたことはたくさんあるのですが、お子さんに関するものの中には面白い傾向があります。

「営業の○○さんにうちの子がよくなつくんですよ」

もちろんこれがすべてという気はありませんが、こういう感想を持たれるお客様が案外います。なんとなく安心できるのでしょうね。参考までに覚えておいてください。

さて、次はすべてのお客さんにできることではないのですが、タイミングを見計らって子供にこんな質問を投げかけてみましょう。

「勉強しなさい！　ってお父さん、お母さんはいうかな？」

「楽器とかするの？」

「スポーツは何かやるのかな？」

こんな感じでいいでしょう。とにかく内容は何でもいいのです。子供に直接聞いてみてください。

通常は親に子供のことを聞くものですが、子供に聞くことによって親からでは絶対に出ないような情報を引き出せることがあります。子供は演技をしませんから。

急所47　最初の具体的折衝で押さえるポイント6……資金計画

■ローコスト住宅を販売の場合は資金計画をしっかりする
■高額住宅の場合は資金計画はやらない

少し極端に書きましたが、原理原則はこうなります。ローコストを目指してくるお客様は家の質や間取り云々の前に資金計画が成り立つのかどうか？　という問題が喫緊の課題です。ここを突破しないことには間取りの話もできません。ですから、あなたがとるべき行動は、資金計画のすばやい立案。初回面談では是非ここまで進めてほしいと思います。

これに対して高額住宅を販売するときは、資金問題をあまり執拗に話すと気分を害されることもあるので要注意です。プライドを傷つけると言い換えればわかりやすいでしょう。

もちろんこれは一定の傾向です。大まかな分類として「このような傾向がありますよ」という話です。しかし、資金計画の勧め方は意外に難しいことをここで改めて確認したいところです。

■地鎮祭
■引っ越し祝い
■近隣挨拶品
■引越し代
■新築時に買う家具

■一軒家を建てたときの光熱費とアパート居住時の光熱費の違い

資金計画では住宅ローンや登記費用などに目が行きがちですが、これだけでは他社との差異化はできません。使う銀行による金利が違う程度でしょう。

そんな無味乾燥な資金計画に右のような項目を付け加えてください。たったこれだけの内容を付け加えるだけで、他社が提案する資金計画よりぐっと目を引くものができ上がるでしょう。

たとえば光熱費の違い。これなどはお客様にとっては目からウロコ。一軒家になれば当然光熱費は上がりますので、これも資金計画に計上すべきなのです。

太陽光発電、エコキュート、エコジョーズなどガス、電力会社が繰り出す様々なシステムに関するものも取り入れて資金計画をしているかと思いますが、引越し代、地鎮祭などの普遍的な経費も教えると喜ばれます。

急所48　要望ヒアリングの極意ポイント1　奥様編

■**家庭菜園について**……ガーデニングでも同じこと。一軒家を建築したときにこれらの希望があるかどうかを聞いてください。プランニングはもちろんですが、庭の設計などにも影響します。

「今のお宅ではベランダ菜園とかやられていますか?」この聞き方で問題ないでしょう。この質問で「はい」と答えた場合はまず間違いなく新居でも継続します。家庭菜園とガーデニングでは内容も異なってきますので細かく聞くべきです。

■**化粧について**……化粧に興味があり、ちょっとした外出でも化粧しないとすまない奥様と、基本的に化粧が嫌いな奥様がいます。嫌いな奥様の場合はそのまま話を流してもらいたいのですが、化粧を念入りにする奥様の場合は「寝室にも水道をつけると便利ですよ。寝室の中に鏡台を置くだけではなく余裕があったらもっとしっかりしたものを作ってみてはどうですか」と聞いてみましょう。

■**料理に対する熱意について**……重要事項です。キッチンの項目でも解説をしましたが、料理に対する熱意がある奥様とそうでない場合では話のポイントも異なります。興味がある場合は現状のキッチンに対する不満を徹底的に聞いてください。

前のページで3項目をとりあえず挙げてみましたが、インテリア関連の要望はこの3つ以上に重要ですから注意してヒヤリングしてください。

ある奥様を取材したことがあります。この方は「白くてかわいらしい家がいい」と強い願望を持っていたというのですが、担当の営業マンにその話をしても今ひとつ話しに乗ってこなかったというのです。

新居を構えるにあたって奥様のインテリに対する夢は大きく膨らむわけですが、その夢のレベルについていけないような営業マンでは奥様の不満は高まってきます。この取材のケースでは、契約直前までいったものの他社と契約を交わしたとのこと。

契約をやめた理由は複数あったそうですが、インテリアに対する営業マンのテンションの低さは大きな原因であったとはっきりおっしゃっていました。

■二世帯住宅の場合のヒアリングポイント

「同居にあたっての不安を是非お聞きしたいのですが」

二世帯住宅の折衝をするとき、奥様に対しては必ずこの種の質問をした記憶があります。奥様にとって主人の両親との同居は生活の大きな変化。大きな不安を抱え込むのです。ここを理解してあげましょう。

急所49　要望ヒアリングの極意ポイント2　ご主人編

■妻への大きなプレゼント

ご主人と奥様とではその心理状態が微妙に違います。男にあって女にないものは何か？　ご主人がメインで働いていることを前提にしますが、この場合「俺が家族のために家を建てたんだ」という気持ちが必ずおきます。

奥様から「私の夢が叶ったわ。ありがとう」と言われれば男冥利に尽きるのは心情的に理解ができます。だからこそ、ご主人には次のトークで迫ってください。

■「奥様の夢というか希望は何でしょうか？」

この質問が効果的です。どんな答えが返ってくるかはわかりませんが、ここで答えた内容をプランニングやインテリアで提案してあげればいいのです。当たり前ですが、その提案は奥様が喜ぶような内容ですから受け入れられます。それを見ているご主人は、奥様が喜ぶ姿を見て満足感に浸るのです。

話がそれますが、ヒアリングのテクニックをひとつだけご紹介しましょう。

ご主人の要望をヒアリングしたいときは、本人に聞くのが筋です。しかし、これをあえて第三者に聞くのがうまいやり方といえます。

本人が気づいていないのです。たとえばご主人が大変なゴルフ好きだったと仮定しましょう。本人も自分のゴルフ好きはわかっているのですが、さほどではないと考えています。

ところが奥様に聞くと「うちの主人のゴルフ好きは尋常ではないですよ。日曜日はゴルフ番組を欠かさず見るし、そのほかの時間はクラブを磨いてばかり。4セットもクラブを持っているんですよ」

こういう情報を得た場合、ご主人に対しての提案はゴルフがらみのものを入れ込むべきです。クラブを4セットも持っているのであれば、その置き場の提案をすれば関心をもってくれるのは間違いのないところでしょう。

■構造

耐震性、耐火性など構造にかかわることは、一般的に男性が興味を示す事項といわれます。ですから、ご主人と相対するときには構造面への関心度合いを必ず確認してください。

とくに競合している会社の構造と比較されます。敵会社の名前が判明したときには、相手の会社があなたの会社の構造を批判している可能性もありますので、その会社の構造を調べて理論武装してください。

急所50　要望ヒアリングの極意ポイント3　子供編

子供との折衝。少し違和感がありますが、小学生以下でない限りは注意が必要です。たとえば、中学2年生の一人娘がいるお客様を接客したとします。いろいろと話を聞くと勉強は学年のトップクラス。中学2年生ということは高校受験と大学受験の関門が2つも待ち受けています。

もし、雑談の中でこういう情報があなたの耳に入ったとしたら、とるべき行動は決まっています。本人を商談の場に呼ぶのです。

「今、娘さんは自分の部屋にいますか？　もしよければ少しお話を聞きたいと思うのですが」

このような問いかけでＯＫ。自分の部屋なのだから親ではなく本人の意見を聞くという当たり前のことに加え、ひょっとしたら親が思いつかないような家に対する意見が出るかもしれません。

またこの場合は、本人の学業が非常に優秀であるわけですから、勉学環境を快適にするためにも本人の意見を聞くのです。「今の部屋はクーラーの位置が悪くて寒いからいやなの」という意見でも重要な収穫です。

子供の意見を直接聞く行為には2つの営業的狙いがあります。

①自分自身の部屋なのだから本人の意見を聞いたほうがよい間取りができる

②家族一体となって家造りに参加している感がでる

①はいいでしょう。前のページで解説をしたとおりです。大事な家造りに参加した経験したことが本人のいい思い出にもなります。

②はお客様のためであるのはもちろんのこと、営業的にも多大なメリットをもたらします。

娘さんが自分の部屋に対する意見を話している姿は親にどう映るでしょうか。きっと、微笑みながら我子の成長を見ているはずです。このこと自体がお客様の大きな満足につながるとともに、あなたとの一体感を増すことに寄与します。

100人の営業マンがいても、このような考え方をもって行動している人はほとんどいないと思います。つまり、あなたが実行すれば競合営業マンがこう行動する可能性はきわめて低いと断言できます。大きな差異化になると信じて、次の折衝ではお子さんを折衝の場に呼び込んでみましょう。

急所51　要望ヒアリングの極意ポイント4　両親編

両親とは折衝相手の親のこと。通常はお施主さんにあたるご主人の両親ということになりますが、奥様方もチェックを忘れないでください。これは住宅営業マンの悪い癖です。私も新入社員時代には「親＝ご主人の親」という図式で社内研修を受けましたので、実際の営業現場でも奥様方は完全に忘れていました。

重要度としては低いのが事実ですが、確認することに越したことはありません。折衝するときは、常に４人の親の存在を念頭におきましょう。

では、両親に対するヒアリング術はどこにポイントがあるのでしょうか。

■両親と面識があるか、ないか

ここを押さえなければ話は進みません。契約どころか一生涯、お客様の両親と顔をあわせることはないパターン。また、二世帯住宅がメインにはなりますが、商談そのものに必ず親が同席するパターンまで様々です。

まずは親と面識がなく、商談にもまったく顔を出さないパターンを考えていきましょう。

この場合は本人に直接コンタクトを取れないわけですから、目の前にいるご夫婦にコメントを求めざるを得ません。

「○○ハウスにするといったらお父さんはなんておっしゃるでしょうかね」

このトークで問題ありません。○○ハウスとはもちろんあなたが勤務する会社のこと。このトークで想像以上のマイナス的な発言が出てきたら要注意。

参考までに私が実際にいただいた言葉をあげてみましょう。

「○○ハウスっていう横文字の会社は嫌いだと思うよ（笑）」

「プレハブメーカーはプラモデルみたいだって言ってたかな…」

「家は木造でないと納得しないだろうね」

すべて、この私が営業マンとしてもらった言葉です。この3つのケースではすぐに対応策を打ちました。直接お話しするのが筋ですが、実際にあって話をする環境にはまったくなかったので、親向けの資料をせっせと作成し、それを目の前のご主人に託したのです。では、親が折衝にすべて登場するという濃い商談のケースはどうすればよいでしょう。これは、普通に聞いていけばよいのです。そのままお父さん、お母さんの要望を聞きましょう。でも、大事なことがあります。両親がいないところで、息子さん夫婦にも「お父さんは○○と言っていましたけど、本当のところはどうなんですか」と確認してください。

急所52　要望ヒアリングの極意ポイント5　ペット編

ペット問題は必ず確認してください。もちろんペットを飼う予定はない、もしくは動物が苦手な方は関係ありません。

「今はペットを飼っていますか？」

最初の質問はこれでいいでしょう。まずは現在の生活状況を聞くのです。ですから、この質問が正解。ペットを飼っていれば新築してもそのまま買い続けるはず。かごの配置やコンセントの場所などいろいろな提案事項が出てくることでしょう。

しかし。もっとも多いケースは新築と同時に犬を飼うパターンです。賃貸マンションで犬を買うのは難しいですし、これが大型犬になると、ほぼ不可能です。ペットブームも恒常的なものだと分析されますので、犬には特に注意を払ってください。

■家族の誰がペットを好きか

次に確認したいのはこれ。家族全員が犬を好きなわけではないでしょうし、好きだとしても好き度合いにはかなり差があると思います。ですから、犬の話が出たときには、すかさずだれが一番好きで犬に関する決定権を持っているのはだれかを探し出すことでしょう。

私のプライベートな話になりますが、自宅でゴールデンリトリバーを飼っていました。もう他界してしまいましたが、我が家の犬に関する決定権はすべて妻が握っていました。

私も犬は好きでしたが、妻の思い入れようは私の比ではありません。こうなると、犬に関することはすべて妻が決定していました。病院に連れて行く判断、えさの選定、犬小屋の大きさ選びなどすべてです。

この状況で私たちが一戸建て購入を決意したとします。担当の営業マンと商談に入るわけですが、犬の話は私にしても意味がありません。意味がないどころか、妻にとってはおもしろくないでしょう。

「私の方が犬に断然詳しいし、世話もほとんど私がやっているのに」ということです。だから、ペットのヒアリングをするときは飼っている、もしくは新築後に飼うことになる動物にもっとも思い入れのある家族はだれか、を見極める必要があるのです。

最後に犬好きである私からのアドバイス。一般的には子犬の状態で家に招くことになるはずですが、フローリングですと犬は足がすべってうまく前へ進めなかったりします。この場合は足の股関節を痛めることが往々にしてありますので、犬を飼う家ではフローリングはお勧めできません。

急所53　要望ヒアリングの極意ポイント6　趣味編

「どんな間取りがいいですか？」という漠然としたヒアリングでは、お客様も対応しようがありません。あなたはプロですから、お客様が答えやすいような質問を投げかける努力をするべきです。

「趣味は何ですか？」という質問も定番ですが、この質問も答えづらいものがあります。趣味という言葉をもう少し噛み砕いてみてはどうでしょう。噛み砕くとは具体的な言葉に翻訳することを意味します。

「音楽をガンガン鳴らして聴くようなことはされますか？」

趣味→音楽　と翻訳しています。このほうが人間は反応しやすいもの。音楽の話をされて。まったく興味がなければ「とくには…」と返答があるので話はそこできれば問題なし。「今はアパートだから我慢しているけど、本当はジャズをガンガンやりたいんだよね。学生の時はドップリだったから」とくれば提案のポイントはいくらでもあるでしょう。

音楽に限らず、趣味、ライフスタイルに関しては具体的な項目を提示して聞き込んでいけばよいでしょう。

急所54　要望ヒアリングの極意ポイント7　夢と現実を聞き分ける編

「キッチンはヤマハで家具はカリモクで揃えたいな…」などとやっていては、予算をすぐにオーバーしてしまいます。その結果、懐に見合うところまで余分な部分を泣く泣く切っていく作業がスタートする羽目になります。

この流れには、できれば持ち込みたくありません。一度膨らませた夢を切っていくとお客様の満足度がどんどん低下するからです。これは営業マンにとってきわめて危険な営業手法だと思います。

では、この問題を解決するにはどうすればよいのでしょう。

この表は私が現役時代に使用していたヒアリング表の一部です。ここでは和室、キッチン、主寝室…という具合に思い当たるだけの部屋や家の場所を項目としてピックアップします。

ポイントは夢、希望。たとえばキッチンの要望を奥様からヒアリングしているとしましょうか。このときに奥様が「コの字型のキッチンがいい」といったとします。ポイントは、これは絶対的なはずせない要望なのか、単なる夢なのかの選別です。この表では単なる夢として判断したことになります。

	夢	希望
キッチン		コの字型キッチン
和室		
主寝室		

☆受注が途絶えない人気工務店の秘密

会社データ　（株）椎葉工務店　大阪府　岸和田市
代表者　椎葉　貴志　（代表取締役会長　椎葉　正四）
ＨＰアドレス　http://www.shiiba-k.co.jp/

「営業車のうち2台は、お客様からいただいたものですよ（笑）」と俄かには信じられないようなことを言ってのけるのは、だんじり祭りで有名な岸和田市に本社を置く椎葉工務店の椎葉会長。

お客様からのプレゼントの車

上の写真がその車ですが、この話を聞いただけでもこの工務店が地域で不動の人気を誇っていることが容易に想像できるでしょう。

その秘密に迫るべく、新大阪近辺のホテルで取材を受けていただきました。

「会社の敷地内では烏骨鶏《うこっけい》を飼っているんですよ」ともおっしゃる会長ですが、何とこれもお客様からの頂き物。それがどんどん繁殖して今では数十羽になっているのですが、道行く人や近くの園児たちにも自由に見学してもらっているということでした。

車、烏骨鶏ときましたが、椎葉会長に直球の質問をぶつけました。

森　「家を建てる方をたくさん紹介してもらうそうですが、どんな営業戦略をお持ちなのですか？」

椎葉氏「う〜ん…そうですね〜…　営業戦略とかではなく地道に信頼を積み上げることが今の結果につながっているだけですよ」

私は何回も何回も同じ趣旨のことを質問したのですが、結論として導き出されたのは《誠心誠意》が重要ということ。「お客様のために」といううたい文句を標榜する建築業者はごまんといますが、純粋にこの言葉を掲げ実践している会社に久しぶりに出会い強烈な印象を持ちました。

椎葉会長

烏骨鶏

自社のモデルハウス

■地域に密着したイベントの実施

様々な工務店さんを取材していると、ある傾向が明らかになります。経営状態が良く、紹介受注も多く、そして地域に密着して活動を続ける評判の高い会社は夏祭りなどの地域密着イベントを実施していることが多いのです。

椎葉工務店さんも見事にこのパターンに当てはまります。

イベントで一番人気の大鍋おでん

この写真はイベントで大好評のおでん。「これはとにかく大人気なんですよ」と力説する会長。せっかくですので掲載させてもらいます。

次のページに掲載した写真はイベント時の様子と、岸和田市内の旧知の農家から仕入れたキャベツや大根。車、烏骨鶏ときて最後は野菜。

周年イベントなどを開催すれば、祝いの酒や贈り物があちこちから届き、盆暮れでもないのに「はい、お土産」とOBのお客様が事務所にふらりと訪れる。

でも、そのすべては会長の「お客様のために」があってこその結果なのです。

近くの農家から仕入れるとれたて新鮮野菜

アットホームで笑いが絶えないイベント

■寄席まで行う椎葉工務店の徹底ぶり

本社2Fの会議室は100人収容の寄席に早変わり

さらにイベントの話を続けましょう。上の写真をご覧ください。「椎葉寄席」との文字が見えるでしょう。事務所の一角に寄席を作ってしまうのです。白黒写真ですからわかりませんが、実際には高座が赤い絨毯で作りこんであります。

住宅会社が行うイベントには随分と立ち会った私ですが、さすがに寄席をやってしまうというのは初耳です。

さぞかし手間がかかると思うのですが、このような活動で地域住民やお施主様などとのかかわりを持つことが、紹介という形になって後からついてくるのでしょう。

■居酒屋でのやり取りに紹介の多さの秘密を見る

今回の取材を取り持っていただいた企画会社の村上代表にも同席してもらったのですが、氏から面白い話が出てきました。

「会長行きつけの料理屋『つかさ』さんに私もよくご一緒させていただくのですが、あちらこちらから会長！　と100％の確率で声がかかるんですよね。そして、新たに暖簾をくぐって来た人からも会長、こんばんは！　という具合なんです」

この話を聞いて紹介が多い理由の一つをさらに発見しました。この店のお客さんが家を考えているわけではありません。しかし、将来的に時期が来れば「椎葉さんに声を掛けてみようかな～」となるのでしょうし、知人の建築計画を耳に挟めば「椎葉工務店って知っているかい？」ともなるのです。

ついでに言うと、このお店のマスターの子供さんが、椎葉工務店さんで家を建て、さかのぼること20年前、奥様の妹さんも同じく家を建てたそうです。そして、これが偶然だったことが、椎葉工務店さんの地元密着度の高さを伺えるところです。因みに、村上氏の学生時代の同級生の家は、由緒あるお寺なのですが、何気なく会長をご紹介したことが、庫裏《くり》の建て替えにつながり、その満足度は相当なもので、肌身で会長の人間性と仕事の凄さを感じることができたそうです。

■学ぶべきポイントはコレだ！

ナチュラルマーケティング。前述の村上氏から聞いた言葉ですが、とにかく自然体の営業スタイルでここまできたとのこと。「基本的には追わないいんですよ、お客様のことを。でもね、まったく追わないと受注は難しい（笑）」

「薄い紙も積み重ねれば富士山の高さに到達する」というニュアンスのお話も力を込めて力説された会長ですが、このコテコテとも思える信念、信条は紹介受注を増やすための精神的根幹だと断言します。

私も現役時代は紹介受注を追いかけました。小手先のテクニック的なことも随分としましたが、その深遠部にあったのはこの気持ちでした。これがあった上でテクニックや戦略が成り立つのです。

生まれ故郷である宮崎県椎葉村から、集団就職で岸和田にやってきたという経歴を持つ椎葉会長。そこで大工としての一歩を歩み始めたのですが、当然のことながら地縁血縁はなし。

現在でも「元旦を除く364日が出勤日です」とおっしゃる会長ですが、まったくのゼロからスタートしても紹介受注で成り立つ会社を育てることができるのです。そして、別れ際、「（社長に）世代交代をして、またゼロからのスタートを考えてるんです」とポツリ。新しい社名は、「和《なごみ》ホーム」とか…いったいどこまで進化されるのでしょうか。是非、もう一度お会いしたいですね。

第四章

「子育て住宅」「主婦が喜ぶ住宅」「健康住宅」販売の急所

急所55　「子育て住宅」で受注は取れるか？

「子育て住宅」を前面に打ち出した営業戦略があります。このテーマは当然のことながら恒常的なものですが、やはりブームに左右される面は否定できません

平成18年ごろからと思いますが、ジワジワと子育て住宅ブームが起こり、ある一定のポジションを占めています。

問題は「子育て住宅」を前面に打ち出すことが受注UPにつながるかどうかということ。これには賛否両論で、子育て住宅にまったく関心を示さない住宅会社も相当数あるのが実情です。

私の見解を述べましょう。

◎販路は限定されるが乗るべき

私が考える住宅営業の基本戦略はピンポイントです。浅く広く集客を図るのではなく、幅は狭くても良いのでターゲットを決めて、攻めるべきです。子育て住宅に的を絞ったイベントも数多く手がけますが、集客が減少するとか契約率が落ちるなどということはありません。

少ないお客様を奪い合っている時代においてはこの作戦が有効です。景気がいいときはこの逆も威力を発揮しますが、1990年から続く延々たる不況期を乗り切るのにはピンポイント作戦が効果大と断言します。

しかし、マイナスポイントも指摘しなくてはいけません。対応する営業マンのレベルが低いと満足度が低くなるどころかクレームにさえ発展します。

「子育て住宅の究極をご提案します」「現場にくれば子育て情報が満載！」などとチラシを使ってアドバルーンを揚げたとしましょうか。このキャッチコピーを見たお客様は大きな期待を持って現場見学会に足を運ぶでしょう。

「さあ、子育て住宅のツボをたくさん聞こうかしら！」と期待を胸にやってきた奥様に対してあなたは十分な情報を提供できますか？

子育て住宅に限らないのですが、このようにピンポイント作戦を実行すると、その分野に詳しい知識を持つ方も逆に呼び込むことになります。私の失敗事例をご紹介しましょう。「アトピーのお子様にも安心…」と新聞折込みのチラシに書きました。来場された多くは真剣にお困りの方々。私たちで対応できるわけがなく、結果としてお客様が不満を持って帰られたのは間違いありません。ピンポイント作戦にも落とし穴がありますので要注意です。

急所56　子育て住宅を前面に打ち出して成功した事例1

売れ残りの分譲地は頭が痛い問題。たとえ会社の用地仕入れの失敗が最大の原因だとしても、最終的には営業マンの責任になるものです。しかし営業職である以上、知恵を絞って販売するしかありません。

西日本のある県ですが、1年くらい塩漬けの土地が一区画ありました。どうにもこうにも売れない土地だったので、私も参加してノウハウを注入。いろいろな手法を考えましたが、このときとった作戦は子育てに絡めてもの。

◎「子育てするのに最高の土地です！」

メインキャッチコピーはこれ。都市部から離れていて人気が一般的にない分譲地の場合、それを逆手にとるのが常套手段。このケースでも、都心から遠い不便な場所にありましたが、自然の中で子供を育てるというアピールは十分にできる立地条件でした。

たくさんのお客様が来場されましたが、その理由はどこにあったのでしょう。

■アピールポイント……近隣小学校が子育て支援校

「○○小学校は県内でも有名な子育て支援小学校ですよ」と若手の営業マンがポッリと漏らしたこの一言がきっかけ。私は彼をすぐにこの学校へ走らせました。

予想以上のヒアリングを実施してくれた彼からの情報を基に、この学校のすばらしさをアピールする徹底した資料を作成。また、集約チラシにも可能な限りの情報を詰め込みました。

「子育て住宅」を営業戦略として使う場合、建物でそれをアピールするやり方に加えて、その土地（土地なし客の場合）の立地そのものが子育てにやさしいことを積極的に訴えてください。

■アピールポイント……近隣に子供がたくさんいる

これも子育てでは大事なことだと私は強く思います。私は名古屋出身ですが、子供のころに暮らした場所では、学校から帰ると近隣の子供たちが集まってきては遊んだものです。

この土地もすでに周辺に入居している方たちの多くは子育て世代。当然のことながら子供が道路で喚声を上げながら走り回っています。この環境は子育てにとってとても大事なものだと私は思います。

急所57　子育て住宅を前面に打ち出して成功した事例2

これは全国で聞かれる成功事例です。折衝の当初は特に子育て住宅を営業のネタに使ったわけではないのですが、次のトークが大きな効果を発揮します。

◎「対面キッチンはお子さんの動きを見られるので安心ですが、それに加えてお子様からすると自分のことをママが見てくれている、と感じてもらえるのがものすごく大きな意味を持つのです」

このトークをぜひ使ってください。もちろん対面キッチンの場合しか効果を発揮しないトークですが、この話に反応するお客様であれば子育て住宅を切り口に攻めることをお勧めします。

急所58　子育てマンションの売り方

子育てマンションには一戸建てにはない販売ポイントがあります。ここではマンションに的を絞って話を進めましょう。

■「高層階に住むことは子供に悪い影響を与えるのでは?」

この質問に対する回答を考えておきましょう。お客様から質問されなければあえて話す必要はないですが、高層マンションで子供を育てると情緒不安定になる、などといった話はよく耳にする話ですから準備が必要です。

■注文建築と違って間取りが限定されている

スケルトン形式のマンションもありますが、通常は決まった間取りの部屋を選ぶことになるでしょう。つまり、勧める間取りがお子様にとってなぜ適しているのか?を理論的にまとめておく必要があります。

■子供が大きくなった場合への対応は

これも問題の一つです。一戸建てはリフォームもしやすく子育て終了後に間取りの変更がしやすいのですが、マンションのリフォームは難しいものがあります。折衝の際は子育て終了後のリフォーム事例をプランニングして準備しておくことをお勧めします。

■騒音問題

「子育てマンション」をうたい文句にすると、次のような意見や感想を持たれることが往々にしてあります。

「通常のマンションよりも子供の比率が多くなるので階下への騒音問題、その逆に被害者になりえる階上からの騒音問題が心配だな」という声。これに対する遮音対策の準備をしなくてはなりません。

お客様の多くは賃貸マンションに暮らしていると想定されますが、賃貸マンションからの転居理由のＮＯ１は騒音問題トラブルなのです。ですから、子育てマンションに魅力は感じるのですが、子持ち世帯が多く集まることによって、騒音問題に巻き込まれる確率が増えることを懸念するわけです。

私も個人的にこの問題で大きなトラブルに遭遇したことがありますので、よくわかります。

急所59　0歳児から5歳児までを持つ母親の攻略方法

0歳児〜5歳児を抱える方の攻略方法。これは、この年代のお子さんを持つ親の悩み事を知ることからスタートすべきです。

「ほかの子と比べて発達が遅くないかしら」

いかがでしょうか? 同じような経験と不安を持った方も読者の中にもいることでしょう。こう考えると、営業戦略の対象としてこれが浮上してきます。

■第一子の場合は特に注意

すべての事例に当てはまりますが、第一子の場合は子供の肉体的、精神的発達に関して親は非常に心配するわけです。ですから、接客初期の段階でお子さんが第一子かそれ以外かをチェックすべきです。

■軽度の発達障害とは

乳幼児期の軽度な発達障害とは、視線が合いにくい、音や映像などに対して過敏に反応する、会話が成立しにくいことなどがあげられます。ネットで調べれば情報が大量に出てきますので調べてください。デリケートな問題ですので突っ込みづらいものがありますが、子育てマンションを販売するならば知識だけは身につけるべきです。

「アレルギーが心配だわ」

このような心配を持つお母さんは大変多いでしょう。生まれてすぐにでもアレルギーなどの検査で病気の程度がわかりますが、１歳、２歳と年を重ねるにつれて、思いもよらなかったアレルギーが出ることも往々にしてあります。

これからはアレルギーを持って生まれてくる子供がますます多くなるでしょう。住宅営業の皆さんとしてもこのことを頭に入れて折衝に望んでほしいところです。

ですから「子育て住宅」の切り口の一つとして、アレルギーやホルムアルデヒド問題は避けては通れない存在です。住宅業者の私たちとしてはノンホルムアルデヒドを強くアピールする必要がありますが、それと同時にアトピー性皮膚炎などのメジャーなアレルギー疾患については最低限の知識を身につけてください。

アトピー性皮膚炎のお子さんを抱える親にとって、住宅営業マンが多少なるとも知識を持っているのといないのとでは話の意気込みが違ってきます。

アトピー性皮膚炎の原因としては食物、ストレス、入浴時に石鹸などで必要以上に皮膚を擦ることによる表皮の破壊などいろいろな説があるようですが、最新のアトピー性皮膚炎の医療情報を取り入れながら、親身になって向き合ってください。

急所60　女の子を持つ親が聞き耳を立てるポイント

「最近このあたりも物騒なんだよね」

「幼女への猟奇的な殺人事件のことをテレビで見たわ」

どうでしょうか。このような心配を親がするのは当然のこと。それが娘であったらなおさらでしょう。

つまり、0歳～高校生程度の娘さんがいる家庭にとって、防犯というのが大きなキーワードとして浮かび上がるのです。

住宅営業マンであるあなたは、子育て住宅を設計のメインコンセプトにした住宅展示場に勤務していると仮定しましょう。そのような状況で、展示場に5歳くらいの女の子の手を引いた3人家族が来店したとしたら、どのような接客シミュレーションを描きますか?

まず大事なのは、あなた自身が女の子の親の気持ちになりきること。そして、自分に娘がいたらどんなことが気になるだろうかを想像するのです。こうすることにより、接客時のトークが自然と口をついて出るはずです。

話の順番はさておき、防犯問題が浮上するのは必至。あなたから先手を打ちましょう。

「お嬢さんですと防犯面がご心配ですね。一軒家に住むことになったら真剣に考えたほうが賢明ですよ」　私も営業マン時代には必ずこのようなことを話した記憶があります。そして、この話は100%受け入れられたのです。

踏むと音のなる砂利。焼き破りにあっても簡単にはずせないサッシのクレセント。防犯ガラス。などのさまざまな防犯商品の説明も良いのですが、私がお勧めしたいのは外回りの照明です。

2010年に取材したことのある群馬県のKさんご一家の話です。3歳の娘さんがいたのですが、防犯面を非常に気にされていたご夫婦は、3台を収容できるカーポートに人感センサーを取り付けたとのこと。

そのほうが車の出し入れに便利との意図もありますが、メインの理由は違うところにありました。

「車上荒らしが結構あるのですが、物色中のところに娘が偶然帰ってきて、出会い頭に襲われないかな、ということまで心配してしまうのです」とご主人。お嬢さんを持つ親の気持ちとして十分に理解できます。このように子育て住宅をアピールするときは男の子か女の子かにも気を使ってください。

急所61　奥様の圧倒的支持を受けるプラン作成のツボ

「子育て住宅」をアピールする販売手法は効果がある。というお話をしてきたのですが、デメリットもあります。

「うちは子供がいないので大人2人の生活です」

「子供はいたけどもう嫁に行きました」

このようなお客様にとって、子育て住宅は自分たちとは関係のない代物になってしまいます。これがデメリット。この問題を解決するというか回避するための考え方が「奥様住宅」「主婦住宅」となります。これならば問題は生じません。さらに付け加えると、子供がいても良いのです。こちらの方が枠が大きいのです。

■美容と健康

奥様住宅、主婦向け住宅のアピールポイントの一つは美容と健康です。この問題について関心をまったく示さない女性はきわめて少数派だと推察できます。主婦向け住宅で攻めるのならば、ここをついてみましょう。

まずは美容の観点から。紫外線＝お肌の大敵　という論法は男性であっても耳にする言葉です。これが女性であればすでに常識的な等式といえるでしょう。

一戸建てを建築することにより、それまでに自宅で浴びていた紫外線量は一気に増大すると私は推測しています。賃貸マンション、一戸建て持ち家を問わず光が燦燦《さんさん》と降り注ぐ環境で暮らしていた人はあまり多くはないからです。

そしてその多くの人たちは、新しく家を建てると従前の家よりは採光量は大きく増えるはず。というより、増えるような設計をするのです。特にマンションに住んでいた人にとっては、それまでのマンションとは違い四方八方から光が室内に侵入してくるのです。

こんな話をしてください。おそらくほとんどの奥さんが真剣な表情で考え込むことでしょう。「紫外線対策をしなくては！」と否応でも思うからです。対応としては紫外線カットガラスの使用が一般的ですが、これだけでは他社との差異化になりません。

この問題の解決こそが設計力。たとえば、光が猛烈にリビングに入ってくるような設計をしたとしましょう。もしこのリビングの真ん中にソファーを置くようなことをしたらどうですか？　とてもではないですが、奥様は日中ここでは暮らせませんね。ならば窓位置を変更し、家の中に日陰を作ったり、陽がほとんどあたらないところを見つけてそこにユーティリティースペースを作れば問題は解決です。

急所62　主婦動線はこう考える

引き続き主婦住宅について検証を加えましょう。

今度は動線です。もちろん主婦の動線。折衝相手の奥様の生活スタイルをまずは徹底的にヒアリングしてください。これができなくては的確な提案などできるわけがありません。

当然のことながら奥様によって生活スタイルが違いますので画一的な提案はできませんが、一般的に想像できるパターンはあるのでそれだけをここでは押さえておきましょう。

■洗濯の動線

家庭の主婦の動線でもっともポピュラーなものは洗濯に関する動線でしょう。洗濯機は脱衣洗面所にあることが一般的なので、汚れ物はそこにたまっています。そこで洗濯機を回すのですが、ここでコースが分かれます。

我が家もそうですが、自宅のお風呂に乾燥機能がついているので外に干すことはありません。ですから洗濯動線はお風呂からそのまま寝室のクローゼットに延びていきます。

もう一方は庭か2階のバルコニーに延びていきます。そして最後はそこから寝室に伸びる動線。つまり3コースが想定されます。この3コースがあることを頭に入れておきましょう。そうすれば、どんな奥さんと話をしてもひとまず対応はできるでしょう。

この3コースの動線をイメージしながら実際の間取りに書き込んで示すのです。その3コースの動線を見ながら話をしましょう。あとはそのプランによりますが、おそらく話はそこそこに弾むはずです。

■掃除の動線

家庭の主婦は家の掃除も受け持つのが一般的。ただ、それまで50㎡のアパートに住んでいた人が130㎡の一戸建てに住み替えるのですから、掃除の負担は一気に増えます。また、外壁、庭という未知の掃除やメンテナンスにも取り組まなくてはなりません。

これらの種類を頭に入れて複数の動線コースを図面に落としてください。それぞれに関しての距離や無駄などをアドバイスしてあげるのです。とにかく相違に関するアドバイスのポイントは、これまでの生活と比べると格段に掃除の負担が増えるという事実。これを奥様と真剣に話すのです。

急所63 「健康住宅って?」消費者は大混乱、売れる健康住宅とは

「健康住宅」「呼吸する家」「炭が空気を浄化する」「マイナスイオンが空気をきれいに」と各社が健康住宅を競ってアピールしています。お客様にとっては何がなんだかわけがわからないことでしょう。

さまざまな会社にコンサルティングで顔を出す私ですが、その会社が必ずといっていいほどに何らかの観点で健康住宅をアピールしています。もしくは健康住宅を売りにしたFCなどに加盟をしています。

そのような経験から、私はいろいろな工法を比較できて、お客様に受け入れられやすい健康住宅の販売手法もわかるようになったのです。

■空気の循環

24時間換気という言葉が業界に現れてもう何十年経過したでしょうか。一般的になった言葉ではありますが、どの会社でも判を押したように「わが社は24時間換気で安心してお住まいに…」というトークが聞かれます。

初期のころであればこのトークで効果があったのですが、多くの会社が同じことを謳うようになってからは差異化はできません。

そのような中で換気した空気が本当に家中をくまなく廻っているのかがポイントになっているのです。ある会社のお話です。私は次のような指導をしました。

◎「空気が室内をくまなく循環していることを目で見えるような形でプレゼンすること」

空気の流れをシミュレーションする設備もありましたので、それらを使ってプレゼンテーションを作成。大事なのは外気と内気を入れ替えるだけではなく、隅々まで確実に入れ替わっているかどうかということなのです。

競合会社は「24時間換気ですから安心です」としか言わないのに、こちらは部屋の空気の循環に加え、窓を開けたときに空気が澱みなく室内の古い空気を外に運び去ることができるかどうかをプレゼンできたのです。

本書では健康住宅のアピールで受注を伸ばすボランタリーチェーンの本部(株)ウッドビルドという会社を取材しました。この会社がなぜお客様に強い支持を受けて競合に勝つのか？ 次に紹介しますので、熟読してあなたの営業に役立ててください。

☆空気の循環を訴えて受注増大を図る工法ボランタリーの秘密を探る

会社データ　（株）ウッドビルド　本社　長野県　長野市
代表者　寺島聡剛　（代表取締役会長　寺島　今朝成）
HPアドレス　http://www.wb-koho.com/

通気断熱工法。この空気の循環を前面に打ち出して営業攻勢をかけたボランタリーチェーン（VC）やフランチャイズチェーン（FC）は複数ありますし、健康住宅を掲げたFCもたくさんあります。

中には明らかに衰退傾向のグループもあるようですが、そのような中で着工数を着実にあげ加盟店も数も右肩上がりというVCがここ。それに加えて大変興味深いのが、全国に加盟店が700以上もあるにもかかわらず本部の雰囲気は他のFC・VCと比べると非常にほんわかとしたムード。

私は上位10傑に入るFC、VCさんを中心に加盟店営業研修や営業マニュアル作成などでお付き合いをしてきましたが、ここだけは雰囲気が明らかに違うのです。

■右肩上がりの営業戦略にはどんな秘密があるのか

ウッドビルド（以下WBと略称）さんの本部がある長野県に出向き、社長とともに営業関係を一手に取り仕切る寺島健悟専務取締役に話を伺いました。

森　「ストレートにお聞きしたいのですが、世の中が停滞している時代なのにWBさんは右肩上がりに伸びている理由はどこにあるのですか？」

専務「難しい質問ですが、私の分析では健康という視点に的を絞っていることが成功の理由だと思っていますけどね。透湿クロスを使用していまして、そこから室内の湿気やホルムアルデヒドなどの有害物質が壁の中に排出されます」

森　「壁体内に湿気や有害物質が出るわけですね？　それで、その物質はどこに消えていくのですか？」

専務「壁の中に排出された湿気や有害物質は上昇気流に乗って屋根から抜けます」

森　「この図（次ページ参照）がWBさんの構造ですね」

専務「はじめは皆さん信じてくれないのですよ（笑）。でも、じっくりと説明をするとプロである工務店さんはもちろんですが、家を建てるお客様も必ず理解してくれます」

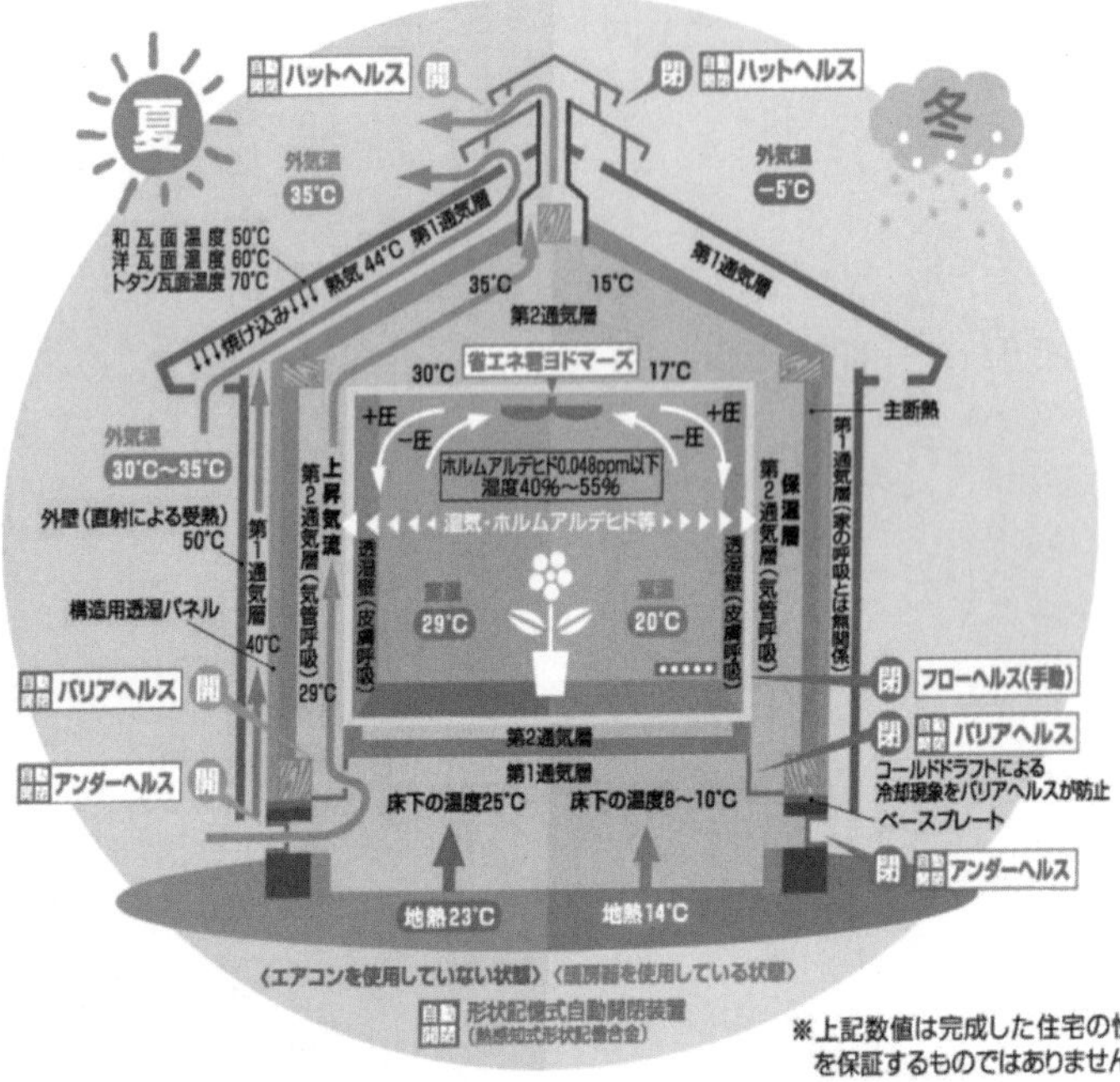

※上記数値は完成した住宅の性能を保証するものではありません。

森　「しかし、世の中には24時間換気システムが一般的で、それでも問題がないからここまできているのですよね？」

専務「これにはいろいろな経緯があるのですが、私たちが支持される理由は強制換気ではなく自然換気というところにあるのです。詳しくは実験を後ほどお見せします。森さんもすぐに理解してもらえると思います」

森　「自然換気システム、今のお話ですと透湿クロスの存在が重要なのですね」

専務「はい。この仕組みが右肩上がりの理由といってもいいかもしれません」

森　「それにしても会員である工務店さんが全国で７００社を超えるというのは、通常では考えられないほど凄い数ですね」

専務「ここまで全国で地道に説明会を開いてきた成果ですが、よくぞここまで会員数が増えたものだと感慨深いものがあります」

文中にもありますが、７００社を超える会員数というのは普通ではありません。展示場の建設義務がなく、高額な毎月のチャージがかかるわけではないので加盟しやすいのは事実ですが、それだけ住宅のプロである工務店の社長方が認めたということでしょう。

■簡単な実験で構造を説明

次頁の写真を見てください。寺島専務に透湿クロスの凄さをお客様に一発で理解してもらうための実験をしてもらいました。

「う〜ん、この写真を本に載せると競合住宅会社にも見られますね（笑）」と最初は難色を示されたのですが、何とか頭を下げて掲載の許可をもらいました。

上の写真は一見するとまったく同じものが２つあるように見えます。湯飲み茶碗の上にボードがあり、その上に透明なガラスコップ。コップの中にはアンモニア水を混ぜたお湯が入っています。

違うのはボードに貼ってあるクロス。右はＷＢさんで使用している透湿クロスで、左は一般的に使用されているビニールクロスです。

この状態で数分放置すると、左のコップは中が曇り始めました。右は変化がありません。そして、左のコップを手に取り鼻に近づけるとアンモニア臭がはっきりとするのに対し、右のコップは臭いを感じません。

つまり、左のクロスは湿気と有害物質を透過させたのです。簡単な実験なのですが、この実験を目の当たりにすると驚かざるを得ませんでした。

グラスに変化はない

中が曇っている

中が曇っていない

■売れるポイントはココ!……透湿クロス

ここで整理をしましょう。ここまでの内容でWBさんが売れる理由が2点明らかになりました。まずは健康住宅志向。特に湿気と有害物質対策がお客様の心をつかんでいることです。

「うちの会社も健康住宅はアピールしていますよ」という方も相当いるはずですが、その大半はノンホルムアルデヒドがうたい文句になっていると推測します。「危ない材質は使用していません」という売り文句だと思われますが、WBさんの場合はそのような有害物質が仮に室内に生じたとしても自然に外に排出されることにあるようです。

また、同じ理屈で室内の不快な臭いも湿気と一緒に排出するとのこと。カレーライスの刺激臭、さんまを焼いた後の臭いなどに数日間悩まされるケースが多いのですが(我が家も同じ悩みを抱えています)、これもすっきり解消できるということはお客様である奥様への強烈なアピールになるそうです。

まずは健康住宅という普遍のポイントを押さえる。そして、家の中の湿気や嫌な臭いや有害物資が外に抜けることをアピール。皆さんの会社がこれに対応できるかどうかわかりませんが、この2点は売れる肝だと強く感じました。

■売れるポイントはココ！……簡単な実験

アンモニア臭の実験をご紹介しましたが、あなたの会社でもこれに対抗できるような実験を開発するべきです。

今回の取材で私も勉強になったのですが、お客様を説得するには「〇〇工法はすばらしい」と口で説明してもよく伝わらないということ。

お客様は複数の住宅会社を検討するのが普通ですが、各社とも自社の工法を力説します。しかし、カタログだけで営業マンが説明するのが通常のスタイル。これでは限界があります。

このほかにも、WB工法の特徴である形状記憶合金を使った床下換気口の実験も拝見しましたが、これも簡単な実験なのに仕組みが理解できるという優れもの。とにかく目の前で簡単な実験をすることが大きなアドバンテージになることは明らかです。さらにはWB工法を体感できるトラックをこの会社は数台所有しています。このトラックは日本中を行脚しているそうですが、そのうち1台がたまたま本社に停まっていたので早速体験をしました。

WB工法と一般的な工法を比較体験できるのですが、体感すると理解度が一発で上がることを身をもって経験しました。

引き続き寺島専務に売れている理由をお伺いしました。

「会長でありＷＢ工法の発案者でもある寺島今朝成（けさなり）が、まっすぐな人間でして、それが営業的に貢献している面があると思います。ただ、納得できないことには絶対に迎合しない性格なので、損をする面もありますけど（笑）」

開発の歴史は同社のホームページをごらんいただけばわかりますが、大工出身の会長が現状の工法に疑問を抱き、新たな工法を模索し始めたところから話は始まります。現場の棟梁だった人が会員数７００社を超える大勢力にまで育て上げたという事例は他にはそうそうありません。

「名前は伏せますがある有名な大手住宅会社が声をかけてきたことがあります。ＷＢ工法と組みたいというご提案だったのですが、会長は問答無用で却下（笑）。ビジネスという観点から考えれば、コラボしたらすごいことになっていたと思いますが、そんな会長の意気込みがお客様に伝わるという側面もあると推測しています」

これもすごい話です。「有名な大手住宅会社」について本書ではご紹介できませんが、だれでもが知っている大会社です。

こういう会長の姿勢もお客様に話をすると、心底から納得してくれることも多いとのことでした。

お客様に説明する会長

会員工務店さんへの研修をする専務

■売れるポイントはココ!……公的融資を有利な金利で借りられる

これは営業戦略上、大変大きなポイントと断言できます。温熱等級4を取得しているので、フラット35について優遇金利が適用されるのです。細かい説明は省きますが、これを折衝の際に説明すると競合で勝つケースが非常に多いと寺島専務は力説してくれました。

このお話を聞きながら、私はいろいろと情報を頭の中で整理したのですが、他社の事例を見ても資金計画をしっかりする営業マンの受注率は明らかに高くなります。第二章の最後で紹介したホームパパさんの伊藤部長はまさにその好例。

WB会員工務店さんの中で受注が絶好調な社長さんにもお会いしたのですが、優遇金利の話は営業で欠かせないと断言していたくらいです。

WB工法の成功事例から皆さんが学ぶべきことは何でしょうか? まずは、自社の工法で優遇金利を受けられる可能性があるのかを再確認してください。その次は資金計画を銀行任せにせず、あなたが資金計画を作成するようにすることです。

「お金のことは自分で銀行に相談してください」という対応をすると契約は遠のきます。必ず自分自身で資金計画を立案することを心に誓ってください。

取材の過程で一番驚いたことをお伝えします。次頁の下の写真は４５０００人分の嘆願署名です。今でこそ大臣認定をもらった、国のお墨付き工法ですが、当時はいろいろあって申請は通りませんでした。

通常であればそこで意欲が萎えてしまうところですが、会長はそこで奮起してこれだけの署名を集めて国土交通省に提出したのです。

また、上は２０１０年９月27日に国会へ向けてのデモ行進を行ったときの写真です。「日本建築文化を守る会」の主宰も行う会長が、今の住宅に警鐘を鳴らすために魂を込めて先頭に立ったデモだったそうです。

この話で思うのですが、創業者の想いというのもお客様から支持を得る大きな要因だと感じざるを得ません。全国区のハウスメーカーでは通じにくい話ですが、小さな会社やＷＢさんのように現在は巨大組織であっても、もともとは個人の熱意で始まった工法では必要なことではないでしょうか。

これに付随するは話をもうひとつします。「私は○○ハウスが大好きなんです」と自分が勤務する会社の建物と会社が好きだと大手を振ってお客様に宣言しましょう。このようなあなたの姿は、お客様から見るととても頼もしいと同時に好感をあげることにつながります。

国会へ向けてのデモ行進

45000人分の嘆願署名

■営業的威力を発揮するワンダーベース

ワンダーベースとは本社の敷地に併設された大きな体感施設です。これは巨額な投資が必要ですので簡単にできることではありませんが、ＷＢさんではこの施設が営業上大きな効果を発揮しているのでご紹介します。

ポイントは体感。住宅展示場を所有している会社はたくさんありますが、体感できる展示場を持っている会社になると激減します。最大の理由は経費だと思いますが、もし、これから展示場を作る予定があるか改装する予定があれば要検討です。

長野県内の会員社数は１４０社程度に上り、販売好調な会社ほどうまく利用しているとのこと。

次頁に施設写真を掲載します。もっとも効果が見られるのは上の比較体感棟で、外観と間取りは同じですが、ＷＢ工法の家と一般的な高気密高断熱の家になっています。

そして下の写真は宿泊体験棟。ＷＢ工法の場合、体験宿泊は爆発的な威力を発揮するそうです。泊まってさえもらえればパーフェクトにファンになるそうです。ないものねだりはダメですが、あなたの会社でも体験宿泊まではいかなくても体感できる仕組みを考えたほうがいいでしょう。

比較体感棟

宿泊体験棟

第五章

まとめ：他業種とタイアップして受注増大を

現場見学会、構造見学会、その他のイベントなら何でも同じですが、住宅業界以外の業種とタイアップをして集客力を高めるべきです。

多い年では一年で290開催もの現場見学会に携わった経験がある私ですが、その経験からもタイアップの常連はガス会社と電力会社でしょう。特にＩＨクッキングヒーターの普及期は電力会社の攻勢が凄まじく、あちらこちらの現場見学会で「ＩＨクッキングヒーター体験」という幟端《のぼりばた》を目にしたものです。

しかし、さすがに電力会社もその徹底度合いをゆるめたようで、かつてほどのタイアップ現場はあまり見ません。

また、タイアップの定番はガス、電力ですが皆さんが普段は縁遠い存在と思われる建材会社とのタイアップも皆さんにメリットをもたらすケースもあります。現場見学会にタイアップとしてお手伝いをしてもらうのはもちろんのこと、住宅営業全般のバックアップをしてくれる会社すら存在します。

ここが大きな盲点。住宅業界以外に住宅営業のノウハウがあるわけがない、と頭から信じ切っているのです。この考え方を一切捨て去ってください。

本書ではエネルギー業界を代表して西部ガス株式会社（本社　福岡市）、建材業界を代表して株式会社サンコー（本社　名古屋市）の2社をご紹介します。

☆住宅業界以外にも住宅営業のノウハウが蓄積されている

意外かもしれませんが、今回ご紹介する2社は住宅営業のノウハウや情報を数多く持つシンクタンクでもあります。建材会社、ガス会社という異業種にもかかわらずなぜ？　となるでしょう。

しかし、ちょっと考えればその答えは出ます。

「住宅会社をお客様としている業種」

ここがポイントです。住宅会社をお客様としているということは、数え切れないほど多くのハウスメーカーや工務店などに出入りしているわけです。現場見学会に張り付けば成功事例、失敗事例も入手できますし、さらには住宅営業のコンサルタントを顧問に据えて情報収集や個別事例の相談にのる体制を整えている会社まであります。

ただし、シンクタンクになる意識のない会社はダメ。今回の2社は強烈な意志を持って活動していますが、これが他のガス会社、建材会社も同じかというと、それはまったく違います。

九州と東海地区以外の方には今回の情報は関係ないのですが、ご自分の営業エリアにあるガス、建材、電力、照明、カーテン、キッチン、トイレ、ユニットバスなどの業者さんに「営業的なバックアップをしてくれるのか？」とたずねてください。

ガス会社、電力会社はタイアップの常連。住宅営業全般のバックアップも図る西部ガス（福岡）の試みを徹底解剖

西部ガス株式会社

■本社…福岡市博多区千代1丁目17番1号
■設立…昭和5年12月1日
■資本金…206億2979万円
■従業員数…1521名

西部ガス本社ビル

ガス、電力のどちらを取材しようか迷いましたが、最初に依頼をした西部ガスさんが取材を快諾してくれたので、エネルギー業界代表ということで皆さんにご紹介したいと思います。

まずは西部ガスさんがどのような工務店支援を行っているかを営業エリア内の4支社すべてを訪問して徹底的に調べてきました。

福岡、北九州、熊本、長崎の4支社体制ですが、まず初めに本社がある福岡に出向きました。そして、取材の窓口として応対していただいたリビング営業部開発推進グループリーダーの石山要介氏にお話を伺いました。

石山氏

電力会社と違いガス会社は会社によって規模が大きく違います。まさに群雄割拠という表現がぴったりと当てはまるのがガス業界。

東京ガス、大阪ガス、東邦ガス、西部ガスの4社を都市ガス大手4社と称するのですが、小さいガス会社になると社員数数十人というのも珍しくありません。

森　「お聞きしたいことを単刀直入に話したいと思います。私が福岡市内で工務店を経営していると仮定します。受注状況は芳しくありません。そんなとき、西部ガスさんに声をかけたら何かしらのフォローをしてくれるのでしょうか?」

石山氏　「もちろんです。なかなか認知されなくてもどかしいのですが、西部ガスとしてはエリア内の工務店さんを支援する体制をしっかり取っていますから」

森　「電力会社さんもやっていると思いますが、工務店さんの新築現場見学会や分譲地の販売会などへの協賛をするのですよね?」

石山氏　「そのとおりです。もっともポピュラーなのはガス体験車の派遣になります。ただこれに関しては、いろいろな業界の方が工務店さんの現場見学会に協賛という形で参加されていますね。ただ西部ガスはかなり徹底的にお手伝いしますし、しかも営業マンはみんな熱いです（笑）」

森　「私の誤解かもしれませんが、現場見学会への出張サービスというと電力会社のイメージが強いものがあります。西部ガスさんだけではなく全国のガス会社はどうなのでしょうか」

石山氏　「ガス会社は電力会社と違って、会社によって企業規模の差が大きいですから、そこまでの支援ができない会社もあるでしょうね。ただ、西部ガスの場合はかなり積極的にガス体験車を出していますよ」

森　「体験カー以外の支援も行うのですか？」

石山氏「ええ、他にも色々な支援活動をおこなっています。たとえば、イベントを行う際に工務店の皆さんはチラシを新聞折り込みにして配布したりしますよね？　そのお手伝いというかノウハウもご提供しているのです。支社の営業マンをご紹介しますので現場の取り組みはそちらでお聞きになってください」

石山氏には1時間にわたってお話を伺いましたが、会社全体で工務店フォローを推進している姿勢が明確に伝わってきました。しかし、こういう動きを知らない住宅会社があるのも事実。

読者のみなさんにご理解願いたいのは、西部ガスさんのような他業界が自分たちの味方になるという事実です。取材に応じていただいた西部ガスさんは社員数1500人前後の企業です。これだけの規模を誇る会社ですから、住宅業界の動き、最新ニュース、あるいは噂も入るからです。

◎チラシの協力

引き続き福岡で取材です。今度は西部ガスの営業マンである久我氏に現場の話を聞いてみましょう。

森　「久我さんは営業マンとして、住宅会社の現場見学会に立ち会うことが非常に多いと聞いているのですが、休日返上で大変ですね」

久我氏　「ええ、本当に大変ですよ（笑）。ガス体験車に乗って現場に行きお客様にご説明をするのがメインの仕事ですね。私たちはガス会社ですから、当然のことながら、最新のガス機器をお勧めしたり、実際に料理をしてそのおいしさを認識してもらっています」

森　「ところで、久我さんが担当する住宅会社の分譲地販売会では集客チラシの作製にも関与したと聞いたのですが」

久我氏　「関与…そうですね。私と先方の営業さんと一緒に知恵を絞って手書きのチラシを作ったのです。ここに実例があるのでご覧いただきたいのですが…どうでしょうか」

ガス体験車

久我氏

森　「これはよくできていますね。久我さんが書いたのですか？」

久我氏　「いえいえ、私にはそんなセンスはありません（笑）。住宅会社さんの中に絵心のある方がいればお任せします。ただ、社内に人材がいない場合は西部ガスが作成の代行、もしくは書き手をご紹介するのです」

森　「かなり突っ込んだサービスですね。で、効果はありましたか」

久我氏　「申し込みをいただいたお客様もいましたよ。ただ、このケースでは残念ながら結果的にキャンセルになってしまいました。それと、申し訳ありませんが、本にこのチラシを掲載する許可を取っていませんので…」

森　「このようなチラシのネタ元は？」

久我氏　「外部の住宅営業専門のコンサルタントの先生から情報を得たり、日常業務で工務店さんと接する中から情報入手します。現場見学会のチラシなどは年間を通せばおびただしい事例を目にする機会に恵まれていますので」

※次ページはイメージとしてご覧ください

※森住宅コンサルタントが作成した集客できる現場見学会チラシのひな型です

完成見学会
2/11(土)12(日)13(月)
※雨天決行※
10:00〜17:00
(13(月)のみ15:00〜21:00)
真冬の現場見学会…その理由は？
暖かさを体験してもらう 新築住宅体験会
こだわり見学Point!
会場案内図
会場はこちら
1F
2F
ご来場の方に 小冊子プレゼント！
「しつこい営業はご法度！」
お施主様の声
森工務店株式会社
03-1234-5678

ここで話をまとめましょう。住宅営業マンの皆さんへの私からのアドバイスです。新築現場見学会、分譲地販売会などを企画する場合にはガス会社、電力会社に声をかけて現場に車を出してもらうよう頼んでみましょう。

家を買うお客さまにとって、建物を見学できるのと同時にガスや電気の実演を体験できることには興味を惹かれるものです。それだけ来場者が増えるわけですから契約率も高まります。

特に小規模の住宅会社の方はもっと積極的に彼らを利用すべきです。会社としてガス住宅を推進しているのであればガス会社。電化住宅を推進するのであれば電力会社に声をかけてフォローをしてもらうよう働き掛けてください。

支援度合いは各地域によって随分と違う可能性がありますが、少なくとも今回対応してくれた西部ガスの石山氏の口ぶりだとこちらはかなり力を入れていると私は感じました。

「うちみたいな小さな会社を相手にしてくれるかな〜」

こんな心配をしていませんか。もちろん会社によっては内心このように判断される可能性はあるでしょう。しかし、相談しない手はありません。エネルギー会社を味方につけられれば大きなメリットになるのはいうまでもないからです。

◎ショウルームを活用する

福岡の次は熊本。入社４年目である西野友二さんへの取材です。熊本は西部ガスさんの最南エリア。本社がある福岡とは市場も違い、規模も小さくなる熊本支社ですが、ここで最初に出てきたのは住宅会社にとっての意外な盲点でした。

森　「西野さんは営業マンとして担当の工務店さんを受け持っておられるそうですが、どのようなサービスを提供しているのですか？」

西野氏　「福岡が行っているようなガス体験車などで現場見学会などへ出向くという基本的なことは行っているのですが、私がもっとも訴えているのは支社内の大ホールの利用と市内中心部にあるｈｉｎａｔａというショウルームの活用です。熊本支社の３階には40～50人は入るホールがあるのですが、ここをもっと活用してほしいのです。考えられるのは工務店さんが主催したエンドユーザー向けのセミナーなどですね」

森　「現状ではそれほど利用されていないということですか？」

西野氏　「そうです。もちろん何でもＯＫとはいきませんが、消費者セミナーはもち

ろんのこと、料理教室などでも西部ガスを使ってもらえればいいと思ってい
ます」

西野氏

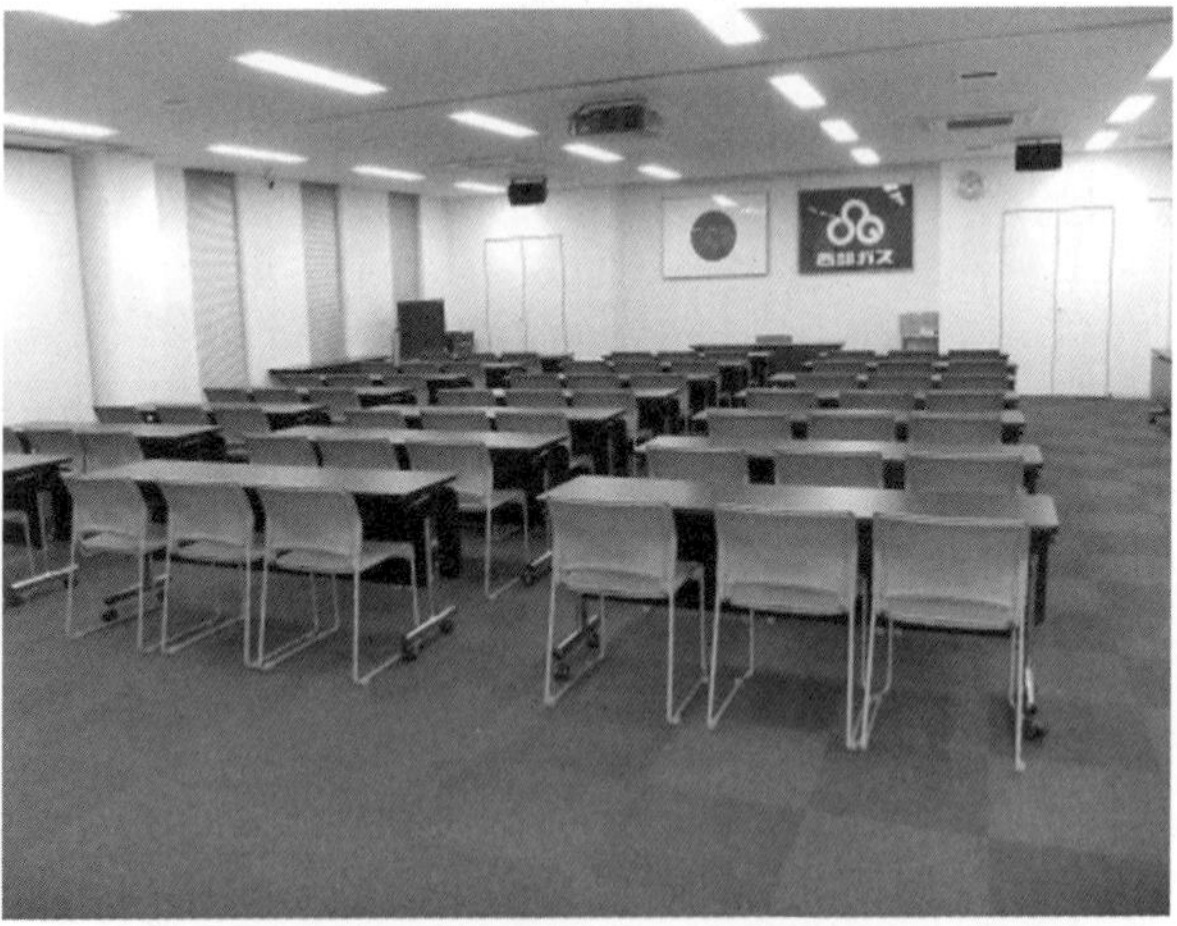

熊本支社ホール

■ガス、電力会社の社内にある会議室は利用価値大

本書では西部ガスさんを取り上げていますが、これは電力会社でも同じ。たとえ大手ハウスメーカーであっても、自社だけでイベントをやるよりはエネルギー系会社とコラボレーションするほうが効果はあがります。

エネルギー会社の看板は消費者にとって安心感を与えます。たとえば東京都内の社員10人の工務店があったとしましょう。この会社が名簿化したお客様相手に家作りセミナーを開催しようとしています。

このとき、「会場は○○工務店2階会議室」と「会場は東京ガス○○支社会議室」では集客率に必ず差が生じます。東京ガスという言葉に半官半民性を感じるからでしょう。

あなたの営業エリアにも、必ずガス会社と電力会社が存在しています。この2大勢力の担当者にコンタクトを取って、無料で貸してもらえるホールがあるかどうかを確認してみてください。

その上で企画を立てて実行してみるべきです。とにかくエネルギー系の両陣営とはパイプを常にもって連絡を取り合ってください。

森　「ｈｉｎａｔａというのが西部ガスさんのショウルームですね。さきほど伺いましたが、このスペースも積極的に利用を呼びかけているわけですか」

西野氏　「ええ、そうです。ただ、なかなか浸透しないのが悩みなんですよ。住宅会社の営業マンさんには折衝中のお客様を連れてきていただければいいかと考えているのですが…」

森　「西部ガスさんのメリットがあるからだと思うのですが」

西野氏　「そのとおりです。私たちとしてはガスの普及を目指しているわけですが、ショウルームにきていただければガス機器に触れていただけます。それがガス導入のきっかけになればいいのです」

森　「工務店の営業マンにとっては商談の場を作ることができますからね。そして、西部ガスさんとしては、ガスを選んでいただければ問題ないわけですね」

西野氏　「私たちの努力不足もあると思うのですが、西部ガスには住宅営業受注に役立つような情報が相当数集まっています。日ごろの訪問活動で工務店さんへの情報提供は行っていますが、もっともいいのは工務店さんが困った時にご連絡をいただくことです。これならばタイミングを逸することもないですから」

ショウルーム《hinata》

ガス、電力業界は、かつてのように仲良く住み分ける時代はとっくに終わっています。お互いに激しくシェアを争う存在となっている現在は、工務店さんを囲い込むために皆様方にメリットとなるようなフォローをしてくれるわけです。

かつてのガス、電力業界によるフォローの定番は現場見学会への体験車の出前のみ。全国どのガス会社、電力会社へいっても差はなかったと記憶しています。そういう時代にあっては競争する必要がないからでしょう。

しかし時代は変わりました。ただ、このサービスの質はエネルギー会社によって雲泥の差。ガス会社でも西部ガスさんのように全社を上げてフォローをする体制をとっているところもあれば、昔となんら変わらない会社もあると思います。

西野さんから現場のお話をいろいろと聞きましたが、直属の上司にあたる方からも最後に伺いました。

中尾健治マネジャーは入社24年目になる西部ガスのベテラン社員。

「熊本の営業マンは、住宅営業の知識をガス会社の営業マンらしからず豊富に持っています。現場見学会などの成功例についても九州以外の情報も収集中なのです。情報の入手ルートも複数持っていますので」というように、情報発信体制を整えています。また、お話を聞きながら感じたのですが、ガスを売り込むという本業の枠を超えているのです。工務店さんのメリットになる情報とは何か？　を常に並行して考えているのがよくわかりました。

中尾氏

ここで皆さんへのアドバイス。ガス、電力の担当営業の方に「今度イベントをやるのだけど何かアドバイスはないか？」と聞いてみましょう。

質問に多角的な情報をくれるようならば◎。有力なブレーンとしてお付き合いすべき存在です。

■ガス・電力　両者をイベント会場に呼ぶのが最良の策

本書では西部ガスさんに登場してもらいましたが、私の真意はガスと電力の両者とうまく付き合ってほしいところにあります。ですから、現場見学会のイベントなども理想を言うと両陣営に協力を仰ぐべきなのです。

住宅会社にとってもっとも得策なのは、現場見学会などの会場にガス、電力に同時参加してもらうこと。このことによって、来場数は間違いなく増えます。消費者にとっては両方を見比べられることはメリットが大きいからです。

彼らにとっては競争させられて迷惑かもしれませんが、住宅会社にとってはこの方が得。私がかかわる現場見学会でも積極的に推進しています。

話は少しそれますが、プロの住宅営業ならば、ガスと電力それぞれのメリットとデメリットをしっかりと勉強すべきです。片方の知識しかないと、折衝のときに不利になる場面が必ず現れます。

ここだけの話ですが、電力会社に行けば電化住宅のメリットをたくさん教えてくれるのと同時にガスの問題点を指摘するでしょう。ガス会社に行けば逆。勉強するのにはもってこい。この本を読んだのを契機に一念発起し、知識を吸収するために両陣営に足を運びましょう。

北九州の玄関口といえば小倉。ここから車で5分も走ると西部ガスさんの中でももっとも大きなショウルームが現れます。ここにも顔を出して隅々まで見学をしましたが、対応していただいた長濱和久マネジャーも「OB客サービスの一環としてお連れしていただければ、ここでガスとIHの比較実験をお見せできるのですよね。そこからリフォーム需要も創出されると私たちは考えています」とhinataの積極的活用をお話になっていました。

長濱氏

見学をしながら「もし、自分が住宅営業マンだったらどういう企画を立てるか?」と思案していましたが、いろいろなアイディアが沸いてきました。とにかく折衝中の奥様には「一生のことですから絶対に行ったほうがいいですよ」と強く迫るでしょう。

「ガスにしようかな、それともIHか」と奥様は悩むわけです。その悩みを解決するのが皆さんの仕事。接点も増えます。ショウルームを使えばアポイントを1回稼げたことになるのです。

長崎にも足を伸ばしました。ここで話を聞いたのは西部ガスの中尾勝浩氏。中尾さんはすでにいくつかのお役立ちを行っているとのこと。

「つい先日ですが土地販売のお手伝いをしましたよ。チラシ作成のアドバイスからポスティングの手法までいろいろです。昔懐かしい餅投げ企画もかかわりました。この餅投げなども、実は工務店さんの契約につながるようないろいろなノウハウがあるのです」

こう語る中尾さんですが、その根幹にあるものは、会社全体で工務店さんのフォローをしようという姿勢だと思われます。

中尾氏

長崎は比較的小規模な工務店さんが多数あるとのことですが、社員数が3～5人ですと営業的なノウハウを蓄積するのも大変ですし、イベントを仕掛けるにしても手が回らないでしょう。

小規模な会社に勤務する営業マンに強く勧めたいのですが、エネルギー系の会社にとにかく相談を持ちかけてください。皆さんの営業を強烈にサポートしてくれるかもしれません。

取材の最後に、福岡営業本部営業部長である佐藤操氏に取材を受けていただきました。

森　「読者である住宅営業マンの方々が、もっとも関心あることをストレートにお聞きします。西部ガスと付き合うとどんなメリットがあるのか？　と質問されたら、どのような回答になるのでしょうか」

佐藤氏　「そのご質問には明確にお答えできます。工務店さんの受注UPのお手伝いを私たちはしています。ガス会社ですからガス機器の販売などがメインですが、住宅営業全般のフォローを私たちは徹底的に推進していますので」

森　「エネルギー会社がそこまでやるというのは、驚きというか意外感を覚えますね。私から見ると、住宅営業に関しては門外漢であるガス会社が、彼らのフォローをどうしたらできるのですか？」

佐藤氏　「会社の姿勢と営業マンの意識の高さでしょうね」

「会社の姿勢と営業マンの意識の高さでしょうね」ということについて、佐藤氏から多岐にわたってお話があったのでそれをまとめます。

■会社の姿勢

「ガス販売だけではなく工務店の営業支援を徹底的に行う」ということを全社として推進しているとのこと。住宅営業マンの立場から言うと、熱源はガスでも電気でもどちらでも関係ない。皆さんの多くもそうでしょう。新築70万戸時代を迎えて、熱源にかまっていられないというのが本音です。

私が営業マンであれば同意見。佐藤氏には申し訳ないですが、ガスでも電気でもいいのでとにかく契約がほしいのです。コンサルティングで全国の営業マンに会う機会も多いのですが、熱源にこだわる営業マンはほとんどいないのが実態。

この状況を佐藤氏もしっかりと把握しているので、ガス自体の営業活動は当然のことですが、それと同程度の力で販売支援活動をするとのこと。そして、販売支援活動が結果的にガスとの結びつきを強め、最終的にガス導入につながるそうです。

ですから、住宅営業のノウハウを持ったコンサルタントとも提携して情報収集にも活発に動いていますし、現場見学会のチラシを作成する人材も社内に抱えているとのことでした。

皆さんの地域にあるガス・電力会社にも西部ガスさんと同じような姿勢をとっている会社もあると思います。是非、問い合わせてください。

■営業マンの意識の高さ

「現場見学会でのお困りごとがあったら何でもご相談してください」と佐藤氏は自信をもって話していました。営業マンがいろいろなノウハウを持っていると先に書きましたが、西部ガスさんの営業マンは現場見学会に参加するときに集客状況やお客様の様子なども細かく観察する習慣がついているとのこと。漠然と参加しているだけでは何の進歩もありませんが、高い意識で参加するので細かいことにも気づくのでしょう。そして、それがそのまま生きたアドバイスの源泉になると私は判断しています。

再び佐藤氏に登場願いましょう。

佐藤氏「もうひとつ大きなポイントをあげると、西部ガスの営業スタイルというのはコテコテなんです（笑）。泥臭いという言葉がもっとも的確な表現だと思います。工務店さん一社につき担当者が必ず1人つくのでそうなりやすいのでしょうね。とにかく営業上のアドバイスを西部ガスの営業マンはできますので、どんどん使ってほしいと言いたいです」

森「どんな質問でも即答してくれるのですか？」

佐藤氏　「どんな質問でも、と言われるとさすがに厳しいです（笑）。でも、わからないことは社内に持ち帰って必ず答えを見つけ出すように私からも指示をしています。ですから、お時間を少しいただきますが必ず回答をお持ちしますよ」

佐藤部長

私は数年前にある電力会社さんに呼ばれて社内研修を行ったことがあります。参加者の中に知名度のある住宅メーカー（会社はすでに解散）からの転職者がいたのですが、彼と話したことが印象に残っています。

「住宅営業出身ですから、工務店さんからは四六時中、相談事を持ちかけられますよ。皆さんにはもちろん喜ばれますが、私も営業上大きく助かっています。お互い様ですよ」

皆さんもこんな営業担当者を見つけてください。

■まとめ

再度お断りしておきますが、私の考え方はガス・電力の共存。住宅のエネルギー源が片方に偏るのは危険だという考え方からです。皆さんにはバランスよく両陣営とお付き合いしてほしいと思います。

今回の西部ガスさんですが、エネルギー会社としては異質な活動をしている、というのが正直な感想です。ガス会社がこのような形で営業支援を行っているとは思いませんでした。

九州の住宅会社の方は担当者に声をかけて情報を入手してみてください。九州以外の方々は、各地区のガス、電力それぞれの担当営業マンを確認して、自分たちの営業に有利な情報やノウハウがないかをたずねるのです。

西部ガスさんのような体制をとっている会社は稀有な存在かもしれません。しかし、全国のエネルギー会社の中にはきっと同じような戦略をとっている会社があると私は推測しています。住宅営業マンとして成功するためには、自らの知識や力だけではなくブレーンとなる社外の情報網を手中に置くことが大事です。

次に（株）サンコーという建材会社の事例をご紹介しましょう。

建材会社も千差万別。建材商社の枠を飛び出し工務店の経営そのものをフォローする異色のサンコー（名古屋）

株式会社サンコー

■本社…名古屋市中川区上高畑2丁目23
■創業…昭和14年4月
■資本金…3600万円
■従業員数…131名

サンコー本社全景

「建材会社が住宅営業マンの味方になるとはどういうこと?」

おそらくほとんどの方がそう思うでしょう。事実、私も営業マン時代にはこの業界との接触は皆無。社内の購買担当部署が窓口になっていましたから、営業系出身の人間にとっては無縁の存在でした。

事実、取材に応じていただいたサンコーさんは特異な存在で、このような動きをしている建材会社は無いといってもいいでしょう。

サンコーさんは名古屋市中川区に本社を置き、支店が4箇所あります。岐阜県、三重県にもネット網を広げているのですが、この会社を率いるのは加藤秀司社長。工務店応援企業を自認する会社のトップにまずはお話を伺いました。

森　「私の勉強不足かもしれませんが、工務店さんの営業マンを集めての営業手法や税金などのお役立ちセミナーならばわかるものの、サンコーさんのような建材会社が工務店支援をしていると聞いても、ちょっとしっくりきません」

加藤氏「わかります。私たちの業界としての営業支援といえば、住宅営業マン向けのセミナーをポツポツとやるくらいですからね。もちろんサンコーでもその類は企画していますよ」

まずはセミナーの開催状況などについて話を伺いました。どんな内容のセミナーを、という趣旨でご質問したのですが、いきなり返ってきた答えは「セミナー内容は多岐に渡り、原則として私が直接聞いて納得した先生しか呼びません」

こうきっぱりと加藤社長は言い切りました。建材会社が主催するセミナーで講演をしたことは私も多数あります。しかし、他の会社では社長はもちろんのこと、実際に私の話を聞いて呼んでくれたケースは皆無。

「営業マンにも厳命しているのですが、頭を下げてセミナー参加をお願いすることのないようにと言っています。皆様の利益になるセミナーだから参加したほうが得です、とお誘いしているはずです」

左：加藤社長　右：筆者

今のお話は私にとってかなりインパクトのある話。住宅メーカーの社長が私の話を聞いて声をかけてくれるケースはありますが、住宅会社ではない企業のトップでこのような行動を取るのはあり得ないからです。このことからもサンコーさんが住宅会社の営業支援に腰を据えていることが垣間見えます。

森　「さきほど社員の方から聞いたことがあります。太陽光発電に関しては2000年ごろから社内で対策チームを作っていたとのことですが、随分と初期のころから先手を打っていたのですね」

加藤氏　「あのころは社内も社外も冷たかったですよ(笑)。何言っているのだろう、っていう感じでね。ところが時代は変わって2009年度は太陽光が一気に花開きました。今では太陽光発電の専門部署も設けて活動しています」

森　「10年前からこの流れを見越していたわけですか。そして、このことが工務店支援につながるわけですね」

加藤氏　「工務店さんの仕事は住宅の建築請負になります。しかし、太陽光発電、税金、エコポイントなど本来の仕事ではないことに労力を取られてしまうのです。この部分をサンコーがお手伝いしているわけです」

太陽光発電を2000年ごろから研究し始め、今では他社から視察に来るくらいにまでノウハウを蓄積したそうです。問題はこの太陽光に関するノウハウの蓄積がどう工務店の営業支援につながるのか？　になります。この疑問に対する加藤社長のお答えをまとめました。

■太陽光発電受注の70％が訪問販売会社にとられている

この現実を直視してください。本来ならば工務店さんが太陽光発電の受注を取れば仕事にもつながるし、施工能力を磨けばクレームも激減する。これを目指しているのが加藤社長の考え方です。

では、なぜ訪問販売会社に受注をとられるのでしょうか？　私が思いつくのは訪問販売力の強烈さ、ということぐらいですが、加藤社長によると営業力の違いもありますが、現地調査能力の不足、施工能力の欠如、お客様に対するプレゼンテーション能力の低さを列挙しました。

だから、専門の業者にやられてしまうということです。その上、良心的な業者であればよいですが、荒っぽい施工をする会社にあたると雨漏りの原因になり、そのクレームが工務店に来てしまいます。これでは踏んだり蹴ったり。この状態を解消するために、工務店が太陽光発電を受注できるような支援を行っているとのこと。

・太陽光発電のシミュレーションをする（辛口で数値を出す）
・現地調査をサンコー社員が行う
・施工をサンコー社員が行う
・補助金申請などの代行をサンコーが行う

このようなことを社内で処理しているそうです。いかがでしょうか？　建材会社がここまでやっているのは驚き以外の何物でもありません。

■ここで話をまとめましょう

東海三県の方はサンコー営業マンにこれらのことを是非聞いてほしいのですが、それ以外の方へは私から次のようにアドバイスをします。

お取引のある建材会社はもちろんですが、すべての業者さんに「太陽光発電を自社で受注していきたいのだが、御社で何らかのフォローをしてくれるサービスはあるのか？」と聞いてください。

これに対して「はい」と答えたところがあれば、真剣に話を聞いてあなたの会社で太陽光発電の受注を目指しましょう。仮に受注できなくても、様々な知識を得られるだけでも恩恵は多大。「太陽光発電ってよくわからないんだよね～」では営業上の大きなマイナスになってしまいます。

■取引先工務店さんにも聞いてみました

サンコーさんの取材では、お取引先である工務店さんを紹介していただきそちらへもお伺いしました。

愛知県丹羽郡扶桑町に本社を構える大藪建設さん。私から無理を言ってのお願いだったのですが、専務取締役の大藪伸康氏にお話を伺いました。

森　「サンコーさんはメインのお取引先になるのですか？」

大藪氏　「はい…と言いたいところですが、取引はあまりありません（笑）」

森　「でも、サンコーさんとはパイプをずっと持ち続けているのですよね？」

大藪氏　「そうなるのでしょうね…。森さんの横に同席している早川君などはちょくちょく顔を出してくれるのですが、建材の売り込みが目的ではないですからね（笑）。疑問に思ったことや自分で考えた企画に対する感想を聞きに来るのです。それに対して私があれやこれや意見をいったりするのです」

森　「加藤社長とは面識はありますか？」

大藪氏　「もちろん。事務所にも来てもらっていますよ。私は言いたいことははっきり言う人間ですが、加藤社長もガンガンくるタイプですから楽しいですよ。

でも、取引はあまりないです（笑）」

終始このような形で楽しくお話をしてくれた専務ですが、最終的な結論としてまとめていただいた言葉は「打てば響く会社」。何らかの答えを必ず持ってくるという意味です。

ある質問をすれば、時間はかかるかもしれませんが担当営業マンが答えを携えてやってくる。さらにはプラスアルファのお土産まで持参してくるのです。

建材会社の社長であれば「取引の少ないところで油を売るな！」となりそうですが、加藤社長はそういうことは言いません。

ちなみに大藪専務は大学時代に野球でセンターを守り、中日ドラゴンズのスカウトから声がかかるほどの選手だったとのこと。秋季キャンプにも誘われて参加したそうです。

最終的には怪我で断念したそうですが、スポーツの世界でこのレベルまで極めた方は迫力が違います。

■情報企画課の存在

建材会社の情報企画課とはなんでしょう。新しい建材の情報をいち早く仕入れて商品化を模索するのか、それとも、建材に限らずありとあらゆる情報を察知するアンテナ部隊なのか。

後者のほうが実態に近いと思います。住宅に関するありとあらゆる情報を入手すると同時に、それらを分析して10年後を見据えた戦略を打つ。しかも、自社のためではなく工務店さんの利益につながることを目指すのです。

こう書いてくると「偽善的だな」と感じるかもしれませんが、そんなことは決してありません。工務店さんの営業フォローは結果的にサンコーさんの利益となって跳ね返ってくるからです。

サンコーの加藤社長の考え方はこのようにきわめて明快です。適当なお役立ちセミナーを開いてお茶を濁すことはしません。

そういう社長ですから、直接的な利益には結びつかないとも思える情報企画課を立ち上げ、積極的に活動させているでしょう。大藪建設さんの取材に同席もしてもらったサンコー情報企画課の責任者である早川由洋課長にお会いしました。

森　「早川さんは常に新しい情報というかネタを追い続けているのですよね」

早川氏　「簡単にいうとそうなるでしょうか。ただ、情報はたくさんあるのですが、それが工務店さんに役立つものかどうかという判断が難しいです。さきほどの大藪建設さんでも話が出ましたが、企画を思いつくと感性の鋭いお客様とあってご意見を聞くのです」

森　「いかにして新しい情報を察知して、それが価値あるものかを判断するのですね」

早川氏　「はい、いずれにしても業界に認知されていないような情報を精査して、将来性があると判断すれば形にしていきます。たとえば、すでに一般的になってきた保証もそうです。住宅あんしん保証という会社と密接に行動をしています。今では認知度も大きく上がりましたが当時は皆さん懐疑的でしたよ」

森　「このような部署を持っている建材会社というのは、全国にも若干はあるのでしょうか？」

早川氏　「そうですね…似たような部署を持って活動している会社もあるとは思いますが、私の知っている限りではないですね」

早川氏

早川氏への取材は120分にもおよび、取材時点での企画案や国の今後の政策についても言及がありました。サンコーさんは国土交通省はもとよりさまざまな関連部署にパイプを持っているので、最先端の情報を入手できるのでしょう。

本書に掲載したかった事業はまだ3つ4つあったのですが、「その話は掲載しないでほしい」とのことで割愛をします。

いずれも独自のネットワークで収集したものなのでしょう。いずれにしても一般的な建材会社にはない部署であることは間違いありません。

■ガチンコソーラータワー

早川氏への取材中にさらに、おふたりに加わってもらいました。サンコーのプレカット推進事業部の部長である前川幸照氏、部下に当たる久保良治氏です。引き続き工務店営業支援内容の取材を継続したのですが、いきなり出てきた話はとても興味深いもの。これも、通常の建材会社が業務とする範囲を完全に超えているといえるものです。

前川氏　「ガチンコソーラータワーと呼んでいるのですがね（笑）」

森　「ガチンコ？　ソーラーですから太陽光がらみでしょうか」

前川氏　「太陽光発電に関するものであることは察しがつくと思うのですが、簡単に解説すると各社が出しているソーラーシステムの比較実験施設を作る予定があるのです」

森　「それは面白い。消費者にとっても参考になるはずですから」

久保氏　「実際のところ、各メーカーが出している太陽光の能力に関する数値に疑問を感じる部分もありますから」

前川氏　「ですから、各メーカーの機器を並べて平等に能力を比べたかったのですよ。

そして、それを見てもらい選択してもらう。筋がはっきり通っていると思いませんか？」

森　「そのとおりですね。で、それが工務店営業支援になるわけですか」

早川氏　「もちろん。太陽光発電の注目度があがるのは必至な状況下、工務店さんも折衝時にこの話に触れないわけにはいきません。だから、お客様をここに連れていくことができれば、お客様も工務店の営業マンもメリットが生じます。これもともとは情報企画課の発案からでたプロジェクトなのですよ」

前川氏

久保氏

森　「建材会社はもちろんですが、こんな事例は聞いたことがないです」

久保氏　「でも、私たちは勉強するのが大変（笑）。本来の仕事である建材のことを勉強するのは当たり前ですが、まったく関係ない新しいことも知識として吸収しなくてはいけませんので」

前川氏　「会社の規模が適度かもしれません。従業員が２０００名などという大企業になると小回りが利きませんから。その点サンコーは、社長の加藤が迅速な決断をして方向性がすぐに決まりますので」

■ここで話をまとめましょう

3氏からもっとも熱く語ってもらったのが太陽光発電。これは国の政策とも合致するので今後間違いなく伸びていく分野でしょう。あなたの考え方、あるいは会社の政策もあるとは思いますが、確実にいえることは太陽光発電の質問に対して澱みなく答える能力が要求されるということです。

あなたが選択すべきは、

①独力で勉強する
②会社全体で勉強をする
③アウトソーシングする

この3つではないでしょうか。③がサンコーさんの事例になるでしょう。独力での情報収集や勉強は大変なので問い合わせて情報を得る。お客様との折衝時に欠かせない太陽光発電のシミュレーションなどを作成してもらう。さらには、商談がもっと具体化したときの現地調査、そして施工なども任せる。これがアウトソーシング。

いずれにしても、受注を取れる営業マンになるためには①～③の選択をせざるを得ません。

■工場内の一角を潰して体験ルームを作成

第4章の最後で（株）ウッドビルドさんを取り上げましたが、実はサンコーさんからのご紹介でした。サンコーさんはこちらの会社が取り扱うWB工法の代理店になっています。80以上の会員さんがサンコーさん経由で入会して活動をしています。

ここでお断りしておきたいことがあります。私はWB工法への入会を本書で勧めているわけではありません。工務店のために営業支援をするサービスをする建材会社があるという事例の紹介をしているだけです。

ここを踏まえたうえで話を続けましょう。

○○工法というものは世の中にあふれています。もしあなたの会社が建材会社などを通じて○○工法に入会していると仮定します。そのとき、入会の窓口となった会社は営業的な支援をしてくれるでしょうか。

おそらくここまで動く会社はないと思っています。代理店ですからそこまで動けないかもしれませんが、入会だけさせて終わりというのはいかがなものかと感じます。

次頁の写真は加藤社長の発案で設置したこの工法を体感できる施設です。自社工場の一部を削ってまでも工務店フォローに回る考え方を持っているのです。

資材置場の一部を改装して作ったWB工法を体感できる施設

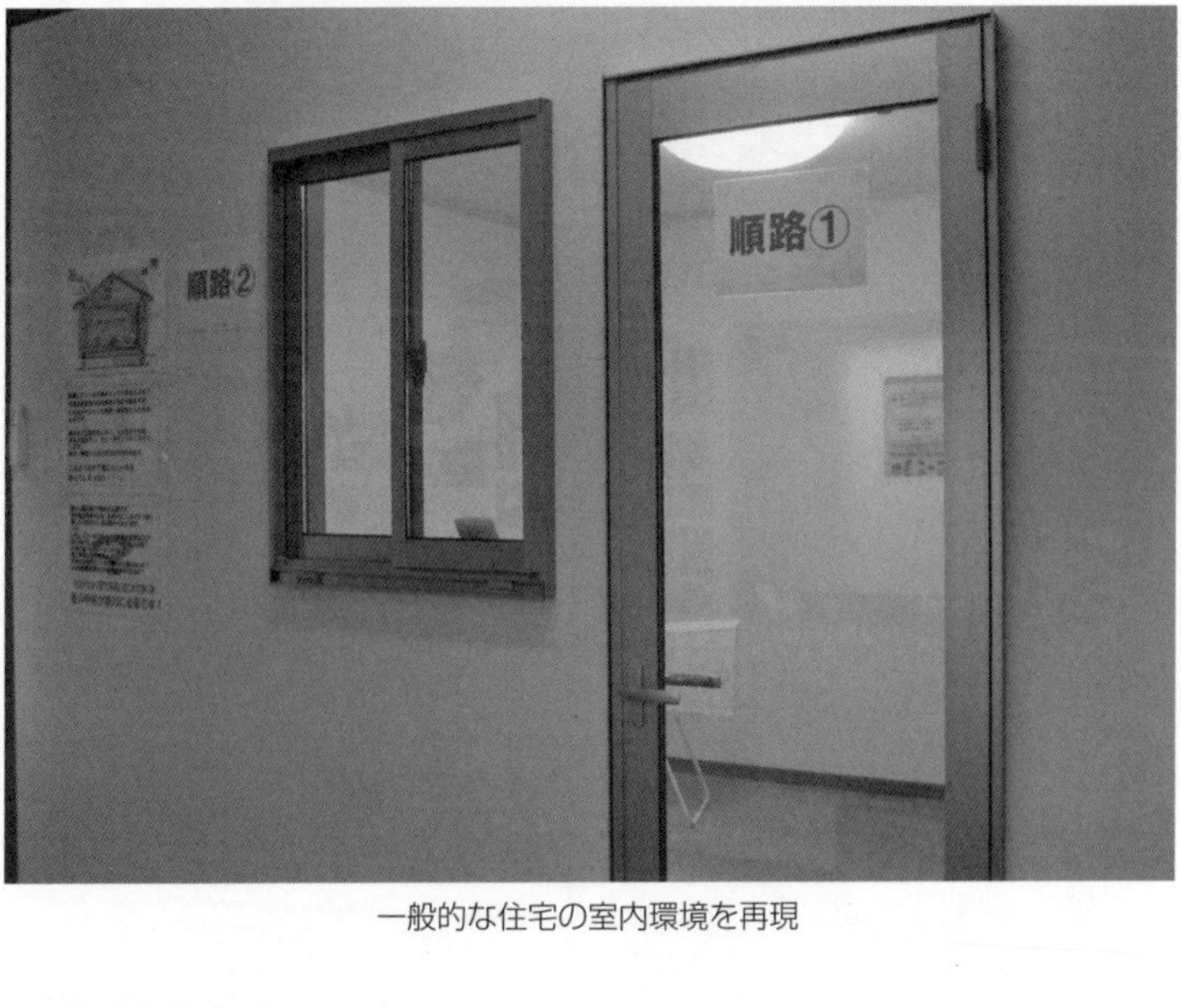

一般的な住宅の室内環境を再現

左と右では環境が大きく異なります

毎週イベントを開催

森　「これまでのお話以外に何かあるでしょうか？」

加藤氏　「エコポイントでしょうね。住宅版エコポイントというものですが、これがなかなかわかりづらい。サンコーでは申請の受付窓口もやっています。これは評判がいいですね」

森　「たしかにそうですね。私も住宅版エコポイントの仕組みは理解していても、実際の申請となったらまったくわかりませんから」

加藤氏　「実は国土交通省も申請の窓口を私たちのような業種に任せたがっているんですよ。そうしないと全体の把握ができないからです」

森　「役所としても細かくこられるよりも窓口が決まっていた方がやりやすいでしょうし、慣れてないと書類上の不備が多発することも予見できます。そういうことなのでしょうね」

ここまで話が進んだところで、サンコーの加藤社長からこれまた大評判のシステムがあるとお聞きしました。

サンコーさんとのお取引はすべてコンピューターに入力済み。これは工務店さんにとってのメリットが大きいのです。

10年前に新築工事を請け負った家のリフォームが発生したとしましょうか。そのときもサンコー営業マンに問い合わせをすれば、そのときに使用した部材と量がすぐに判明するわけです。ちょっとしたことかもしれませんが、このサービスも大きなアピール材料になっています。

本題からははずれますがもうひとつ。

営業現場にも精通する加藤社長

社員全員に対してマナー研修を実施しているとのこと。消費者相手に仕事をしている営業マンに対してマナー研修を行う会社はありますが、この業界で実施するのは珍しいと思います。

加藤社長から最後に「どうしても本に掲載してほしいことがある」とのご要望がありました。

「大手ハウスメーカーから街の大工さんまでこの業界は規模が大きく違うのですが、地元で活動する工務店さんが淘汰されるということは絶対に避けたいのです」

サンコー本社事務所

「住宅版シャッター通りを作り出してはならない」という表現を使われていましたが、自らの使命としてこのことは常に頭の中で反芻しているそうです。
いかがでしたでしょうか。建材会社に限ったことではないのですが、自分だけの力で受注を目指すのではなく、他業種の協力は絶対に仰ぐべきです。その方が得だとは思いませんか。

サンコーさん、西部ガスさんも無料で提供してくれる情報やサービスをたくさん準備しています。まずは、このようなサービスをどの会社が持っているかの情報収集を、あなたはすべきでしょう。

受注に困らない人気営業マンの秘密
ユニバーサルホーム深谷店（埼玉県　深谷市）平野和彦店長

本書の締めくくりは営業マン個人にスポットを当てます。住宅を引き渡したときにアンケートをお施主様にお願いすることがありますが、住宅業者選択理由の上位に必ず挙がるのが「営業マンへの信頼から」という項目だからです。

今回は優秀な営業マンでありマネージャーでもあることを条件に人選をしました。私が知っている優秀な営業マンを頭に思い浮かべ、北は帯広から南は熊本まで、誰に取材を依頼しようかと考えましたが、ただ数を売っているだけという人ははずしました。

1販売実績　2店舗管理　3顧客満足　の3つをしっかりと押さえていることを条件にご登場いただくのはユニバーサルホーム深谷店で店長を務める平野和彦氏です。

埼玉県と群馬県の県境、冬場には赤城おろしが吹きすさぶ地域で、ここでお店を任されている方です。

住宅営業の世界に入って最初の3ヵ月はとにかくがんばって実績を上げたという平

野氏ですが、その3ヵ月の販売実績は12棟。リーマンショック以降ではなかなか厳しい数字だとは思いますが、ずば抜けた営業センスがあることは間違いないでしょう。

この数字に関しては日々着々と実績を伸ばしているわけで、私が着目しているのは3の顧客満足です。顧客満足度の高さは紹介となって現れ、ユニバーサルホーム深谷店の平野氏の紹介受注の多さは昔から私もよく知っていました。今回の取材ではこの紹介受注の秘密から探っていきましょう。

平野氏

森　「今でこそ紹介受注の営業スタイルを確立していますが、実は遅咲きだったようですね？」
平野氏　「そのとおりです。8年目でやっとご紹介をいただいたのですが、その年は年間を通して13棟を紹介で受注しました」
森　「それは初耳でした。8年目でというのも気の長い話ですが、13棟というのもすごいですね。その8年間は地道な活動を徹底的に続けたのでしょう」

平野氏　「その当時も社長にはずいぶんと驚かれましたね。その理由を知りたかったのでしょう。でも、そう言われても何か特別なことをしていたわけではありません。しいて言えばマメな性格が幸いしているのでしょう」

森　「確かに平野さんのマメさは有名でしたからね（笑）」

平野氏　「暮れのカレンダー配りというのは定番中の定番ですが、もちろん私もこれを延々と続けていますよ。ただほかの営業マンと違うのは、仕事として行っているのではないということでしょう」

森　「仕事ではないというのはプライベートということですか?」

平野氏　「いえいえ、もちろん仕事です。ただ、そういう活動が私は大好きなんですよ。普通は仕事としてやらされるんですが、私はそうやって回るのが楽しくて仕方がないのです（笑）」

森　「私も現役当時は似たようなことを実行してはいましたが、楽しいと感じたことはまったくなかったです。完全に業務としてこなしていました。これについては平野さんの性格なのでしょう」

平野氏　「そう思います。自分でも不思議なのですが、仕事と感じないのです。プライベートの延長線上というのでしょうかね。とにかく好きなのですよ」

平野氏の秘密をひとつ発見しました。仕事としてやらされているのではなく、好きでやっている。これは究極のツボ。簡単ですが、絶対にまねのできないポイントといえるでしょう。

平野氏に引き続き話をお伺いしたところ、そこで出てきたのは初回面談時における興味深い話でした。

「初回面談でお客様とお話したことは住宅に関係ないことまで含めてほぼ完璧に覚えています」と話すのですが、これは顧客満足度ＵＰにつながるだけではなく、受注を取る上でも大きく貢献しているそうです。

たとえば接客中に奥様が「今の賃貸マンションは窓が大きくて紫外線対策が大変なのよね」と自分の肌に触れながらボソッと漏らしたとしましょうか

平野氏はこういう言葉をすべて記憶してしまうのです。その後、具体的なプランを出す段階になると、紫外線対策を念頭に置いたプラン提案をします。そしてこのことが、お客様の高い満足度に貢献して契約につながります。さらに、実際に住み始めてその提案に納得すると、今度はこれが紹介へと発展するのです。

いかがでしょうか。平野氏はウルトラＣ的な営業ノウハウを行使するタイプではありません。それなのに、紹介情報が自然に集まってくるのです。

■店舗管理能力が高い秘密を探る

展示場外観

この写真は展示場外観の写真。平野氏が立っているのは敷地内の庭部分で、この芝生も自分で刈ったとのこと。また、敷地内にある大きな木の枝も自分で掃ったそうです。

「この展示場は営業しているのかどうだかよくわからないね」と、平野氏がこのお店を任されたときにある人に言われたそうです。

これを聞いてすぐに行動。邪魔な枝を掃い、そして低木の頭も自分で丸めてしまったのです。

たったこれだけのことですが、平野氏がスーパー営業マンである理由のひとつがこの行動力です。気がついたらとにかく動く。この姿勢がすべてを好転させる原動力となっています。

高い行動能力が平野氏の力を証明しているのですが、人のアドバイスをよく聞くというのも逃せないポイントです。営業セミナーがあれば積極的に参加して、その講演内容で面白いものがあったら即実行。

「せっかく面白いことを聞いたのなら、すぐに試せばいいと思うのですがね」

こう話す平野氏ですが、この考え方は成功者に共通する考え方。試してダメならば止めればいいのです。展示場内のディスプレイも自分が見聞きしたこと、あるいは発案したことであふれています。

また、これはユニバーサルホームさんとして対応していることですが、子育て住宅、ママさん応援住宅という世の中の流れにも機敏に対応しています。これについてもかなりのノウハウを吸収してお客様との商談で生かしています。

「それを書かれるとちょっと困りますね（笑）」という事項も多く、本書では控えますが、一言で説明すると「お客様目線の徹底実践」これにつきます。この観点に基づいた営業が結果的にもっともうまくいくことを知っているからです。

さらには資格に対する姿勢も貪欲で、宅地建物取引主任者、住宅ローンアドバイザー、2級ファイナンシャルプランナー、プランニング技能士の資格を持ち、様々なお客様に対応できるよう準備をしているとのことでした。

■平野氏が責任を持った店がトラブルやクレームが少ないわけ

最後はこのポイントを押さえましょう。平野氏自身が有能で契約実績も秀でているのは前述したとおりです。紹介が多いということはクレームやトラブルが非常に少なく、それに反比例して顧客満足度が高いことも意味します。

しかし、平野氏の能力の高さを示すもう一つの物差が部下である営業マンへの指導方針です。住宅会社の店長というと、「何でもいいから契約を取って来い！」というのが大変多いのも事実。

平野氏「お客様と商談をするステージになったら必ず私を呼ぶように、といつも言っています。これは、契約を私が代わりに決めるとかいう意味ではありません」

森「でも、通常は店長同席というと契約を決めるためですね？」

平野氏「もちろん、ケースによってはそういうこともありますが、本来の目的は部下である営業マンのミスなどによって起こるクレームやトラブルの防止なのです。私が同席すればまず間違いなく気づきますので」

森「顧客満足が高ければ、必ず紹介になって戻ってくるという発想ですね。紹介が多い住宅営業マン共通の考え方だと思います」

この話は私にとっても新鮮な内容です。目先の契約だけを追い求める姿勢とは明らかに違います。平野氏の営業スタイルが徹底した紹介営業であることが、このような行動に結びつくのでしょう。

クレームを防げばお客様の満足度は向上します。そして、そのお施主様との交流を末永く持つ。そしてタイミングがあえば紹介をいただく。このサイクルにしたほうがお互い気持ちよくなるのです。

「お客様にとってクレームは最悪の展開です。しかし、業者であるわれわれも嫌なんですよね。だれも得をしません。だから、クレームになりそうな内容を早めに見つけるために、部下のお客様には早い段階で会わせていただくのです」

私が知っている営業マンの中でもここまで言い切る人はまずいません。自身も営業マン出身ですから、これが簡単にできないことくらいはよくわかります。

「お客様の場合はユニバーサルホームより○○ハウスさんの方がいいですよ、とアドバイスすることさえありますから（笑）」と最後に語ってくれました。社長が聞いたら怒りそうな話ですが、これくらいの余裕はあって当然と言います。

昔から知っている方でしたが、顧客目線にたった営業戦略にブレがないことを改めて確認できた取材でした。

著者紹介

森　雅樹……1965年名古屋生まれ。

法政大学を卒業後、大手ハウスメーカーに入社し戸建住宅の営業を担当。退社後は都内の小規模工務店に籍を置き、知名度のない会社での新築営業・リフォーム営業を経験する。その後は住宅コンサルタントとして全国のパワービルダー、地場工務店を中心にセミナーやコンサルティングを展開。

全国区のFCをはじめ、帯広から鹿児島にいたる住宅会社で勉強会を実施。これまでのセミナー受講者数は17,832名（2011年1月現在）

著書・DVD……「現場見学会の急所」「新規客が0になった時に読む本」（ハウジングエージェンシー）、「現場見学会マニュアル（DVD4巻セット）」（日本経営合理化協会）など著書20冊、DVD2種類。

コンサルティング・勉強会をご希望の方はメールにてお問い合わせください。住宅会社の営業マン教育、地場工務店が集まっての勉強会、建材会社、エネルギー系会社、住宅設備機器会社などが主催の営業勉強会、また、営業ツールの開発や現場見学会のマニュアル作成などもご相談に応じます。

ホームページ……「森住宅コンサルタント」で検索をしてください
お問い合わせ先……mori-masaki@nifty.ne.jp

ハウジングエージェンシーの出版物

株式会社ハウジングエージェンシー出版局
〒160-0023　東京都新宿区西新宿7-16-6
TEL 03-3361-2831　FAX 03-3361-2852
http://www.housing-a.co.jp/　book@housing-a.co.jp

住宅営業 急所プロテクニック
—知恵と工夫集—

発　行　2011年3月20日初版第1刷発行

著　者　森　雅樹

発行者　岩田　弘之

発行所　株式会社 日本教育研究センター
〒540-0026 大阪市中央区内本町2-3-8
ダイアパレスビル本町1010
TEL (06)6937-8000　FAX (06)6937-8004
http://www.nikkyoken.com/

印刷所　株式会社 ユニックス

ISBN978-4-89026-153-6 C2034